선교적 교회 시리즈 5
신학박사 논문시리즈 34

Missional Church and Ministry Administration

선교적 교회와 목회행정

이 시대는 선교적 교회가 대안(代案)이며
대안을 담아내는 그릇은 목회행정이다.

박운암 지음

기독교문서선교회

기독교문서선교회(Christian Literature Crusade: 약칭 **CLC**)는 1941년 영국 콜체스터에서 켄 아담스에 의해 시작되었으며 국제 본부는 미국의 필라델피아에 있습니다.

국제 CLC는 59개 나라에서 180개의 본부를 두고, 약 650여 명의 선교사들이 이동도서차량 40대를 이용하여 문서 보급에 힘쓰고 있으며 이메일 주문을 통해 130여 국으로 책을 공급하고 있습니다.

한국 CLC는 청교도적 복음주의 신학과 신앙서적을 출판하는 문서선교기관으로서, 한 영혼이라도 구원되길 소망하면서 주님이 오시는 그날까지 최선을 다할 것입니다.

Missional Church and Ministry Administration

Written by
Woon-am, Park

Korean Edition
Copyright © 2017 by Christian Literature Center
Seoul, Korea

추천사 1

이성희 목사
대한예수교장로회(통합) 총회장
연동교회 담임

 교회다운 교회를 세우기 위해서는 먼저 교회의 본질을 회복하는 일이 중요합니다. 이 책은 바로 이러한 점을 직시하고 최근 들어 많은 관심 속에서 학문적으로 논의되고 있는 선교적 교회(Missional Church)에 관해 성경적, 역사적, 신학적인 논의를 배경으로 이론과 원리들을 누구나 쉽게 이해할 수 있도록 간결하게 정리해 놓고 있습니다. 다시 말해, 저자는 하나님의 나라의 확장, 성육신적인 삶의 자세, 공적 제자도, 하나님 사랑과 이웃 사랑의 실천, 건강한 교회, 교회성장, 성결한 삶, 존재와 행위와 언어를 통한 선교, 교파를 초월한 연합, 지역사회와 함께 하는 삶 등 선교적 교회의 개념을 통전적으로 다루고 있습니다.

 특히 이 책에서 인상 깊은 점은 선교적 교회라는 신학적인 이론을 목회행정이라고 하는 실천적인 영역에 접목시키고 있다는 것입니다. 저자는 선교적 교회를 어떻게 목회현장에서 구현할 수 있을지를 다루고 있으며, 이것에 관한 사례로 과감하게 자신의 교회를 제시하고 있습니다. 저자의 이런 시도는 목회자들에게 그동안 목회현장에서 외면

되어온 목회행정의 중요성을 재인식하도록 도전하고 있습니다.

사실 목회행정의 기능은 창조가 아닌 보존에 있습니다. 그런 의미에서 이 책에서 강조하는 교회의 본질 회복이 창조적 역할을 수행한다면 목회행정은 창조적 역할을 원활하게 해 주는 보존의 역할을 한다고 볼 수 있습니다. 교회행정학에서 중요하게 여기는 '필요성'(necessity)과 '효율성'(effectiveness)은 목회현장에서 교회행정의 요구를 표현하고 있는 바, 필요성이 교회의 본질이라면 효율성은 목회행정입니다. 이런 점에서 이 책은 앞으로 교회를 교회답게 세우고 신자를 신자답게 세우기를 원하는 분들과 그들을 훈련하고 지원하는 모든 분들에게 중요한 지침이 될 것을 확신합니다.

추천사 2

이종기 목사
기독교대한성결교회 전 교회진흥원 이사장
남군산교회 담임

　박운암 목사는 기존의 중형교회 담임목사직을 내려놓고 2006년 40대 중반에 교회를 개척하여 질적 양적으로 교회다운 교회를 세웠습니다. 그 목회의 과정을 이 책에 고스란히 담았습니다. 이 책은 저자가 서울신학대학교에서 신학박사 학위논문으로 제출한 것을 모든 목회자와 평신도들이 쉽게 이해할 수 있도록 풀어서 쓴 것입니다.
　전통적인 목회의 한계와 교회의 위기를 뼈저리게 느끼고 있는 오늘의 포스트모던 문화의 현실에서 어떻게 하나님이 기뻐하시는 성경적인 교회를 세울 수 있는가?
　이는 큰 교회 목회자나 작은 교회 목회자, 목회를 준비하는 신학생이나 개척을 준비하는 개척자, 심지어 평신도 지도자 등 하나님의 모든 사역자들에게 중요한 문제입니다.
　오늘날 하나님께서 기뻐하시는 진정한 교회를 세우기를 꿈꾸는 사람들에게 선교적 교회론이 화두가 되고 있습니다. 저자는 바로 이 선교적 교회론의 관점에서 문제의 해답을 찾았습니다. 이 책은 특히 책의 각 장마다 현장의 필요와 요구에 민감하게 다가가기 위해 자신의 교회에서 실제적으로 적용한 사례들을 제시하고 있습니다. 선교적 교회론을 목회행정의 관점에서 담아내고 있는 이 책은 성경적 교회를 꿈꾸며 교회갱신을 추구하는 모든 목회자들에게 구체적인 길라잡이가 될 것입니다. 아무쪼록 이 책을 통하여 모든 교회공동체가 교회의 본질에 충실하게 되고, 모든 목회자들이 앞이 보이지 않는 캄캄한 터널 속에서 한줄기 빛을 발견하는 기쁨을 얻을 수 있기를 간절히 바랍니다.

추천사 3

최동규 박사
서울신학대학교 실천신학 교수

    모두들 한국교회가 어렵다고 말하지만 쉽게 대안을 내놓지 못하고 있는 실정입니다. 문제가 복잡할수록 단순한 삶에 집중하고 본질로 돌아갈 필요가 있습니다. 이런 문제의식 속에서 교회의 선교적 본질을 회복하고 성령의 능력에 의지함으로써 교회공동체의 유기체적 건강성을 확보하려는 노력이 여기저기에서 일어나고 있습니다. 선교적 교회론은 그런 모든 노력을 신학적으로 뒷받침하는 토대가 되고 있습니다.

    박운암 목사께서 귀한 책을 세상에 내놓음으로써 많은 목회자들과 성도들에게 교회다운 교회의 회복을 위한 발걸음에 한줄기 빛을 던져 주었습니다. 이 책은 전통적인 목회 패러다임의 덫에 빠진 기존 교회들이 어떻게 선교적 교회로 거듭날 수 있는지를 말해 주고 있습니다. 지금까지 많은 학자들이 선교적 교회론에 관해서 말해왔지만 그 선교적 교회를 어떻게 실현할 수 있는지에 관한 실천적 논의는 많이 하지 못했습니다. 그런데 저자는 이 책을 통해서 구체적인 실천방법들을 제시하고 있습니다. 어쩌면 이 일은 저자가 실천적인 목회자이기 때문에 가능했을 것입니다. 저자는 선교적 교회를 형성해 나가는 과정을 효율적으로 진행하기 위해서 반드시 목회행정이 필요하다고 역설하고 있습니다.

  이 책은 한국교회의 침체와 미래를 걱정하는 모든 목회자와 성도들, 신학생들에게 꼭 필요한 책입니다. 독자들은 이 책을 통해서 새로운 목회 패러다임의 가능성과 오늘의 목회적 한계를 극복할 수 있는 방안을 발견할 수 있을 것입니다.

저자 서문

박운암 박사
익산바울교회 담임목사

    지금 우리는 이미 포스트모던(postmodern) 시대에 살고 있다. 이 시대는 지금까지의 세계 역사에서 들어보지도 못하고 경험해 보지도 못한 그야말로 새로운 시대이다. 오늘날 우리의 삶의 현장은 문화적, 경제적, 정치적, 종교적인 모습들이 과거의 양상과는 완전히 다른 현상을 나타내고 있다. 이제 포스트모던 경향은 "선택 가능한 하나의 관점이라기보다는 이 시대를 관통하고 있는 시대 흐름"으로 받아들이게 되었다. 이 시대의 특징은 절대적인 권위와 진리를 부정하는 데 있으며, 이런 시대정신은 예술, 문화뿐 아니라 종교 속에도 깊이 자리를 잡고 있다.
    많은 사람이 교회를 떠나고 있는 이런 상황 속에서, 교회는 교회가 지향해야 할 가치를 회복해야만 하는 중대한 문제에 직면해 있다. 그 가치들은 교회를 교회 되게 하고 신자를 신자 되게 해야 한다. 교회 리더인 목회자의 목회관이 바르게 세워져야 한다. 목회자와 신자가 행복해야 한다. 신자의 삶에 빛과 소금으로 드러나는 성결한 삶이 보여야 한다. 이처럼 이 시대는 모든 면에서 본질이 회복되기를 갈망하고 있다. 이에 그 중심에 있는 교회가 새로운 대안제시(代案提示)와 함께 원리를 실제화할 수 있는 방안을 세워야 한다.

그 대안은 선교적 교회(missional church)이며 그 대안을 실현하기 위한 방법은 목회행정(牧會行政)이다. 다시 말하면 교회의 본질을 실제화해서 원리를 닮아내는 그릇의 역할을 하는 것이 목회행정이다. 이 개념은 이 책의 핵심 논지이기도 하다. 선교적 교회의 핵심 주제는 교회가 교회의 본질을 회복하여 이 땅에 하나님의 나라를 세우는 것이다. 그러나 안타깝게도 대부분의 교회들이 교회의 본질에서 벗어나고 있다. 그로 인해 교회의 진정한 모습을 상실해가고 있으며, 서구교회처럼 급속도록 쇠퇴하는 현상이 나타나고 있는 것이다.

이 책은 이러한 문제의식의 출발선에서 성경적, 역사적, 신학적인 교회론에 근거한 교회의 참 모습은 선교적 교회이어야 함을 제시하면서 그것을 선교적 교회의 본질과 원리를 실제화할 수 있는 목회행정의 그릇에 담고자 하였다.

이 책의 출발은 본인의 서울신학대학교 신학박사 학위논문을 뼈대로 삼고 있지만, 단순히 선교적 교회나 목회행정에 대한 이론에 만족하지 않고 이론과 원리를 실제 목회현장에 적용시키는 데 방향성을 잡고 있다. 때문에 독자의 초점을 우선적으로 교회를 담임하고 있는 목회자들에 두었다. 필자도 오랜 기간 목회현장에 있었기 때문에 많은 목회자들의 실제적 고민이 무엇인지 어느 정도 안다. 그러므로 현장 목회자들에게 보다 더 실감나게 다가갈 수 있을 것이다.

또한 목회를 준비하는 신학생들과 목회자를 길러내는 신학교 학자들, 나아가 한국교회를 진심으로 염려하는 모든 평신도에게도 초점을 맞추었다. 바라기는 이런 분들이 이 책을 읽어주기를 바라면서 하나님의 교회를 사랑하는 모든 사람에게 새로운 도전과 함께 새로운 대안이 되기를 기대한다.

끝으로 이 책을 추천해 주신 대한예수교장로회 통합 총회장이신 연동교회 이성희 목사님, 기성교단 교회진흥원이사장이셨던 남군산교회 이종기 목사님, 서울신학대학교 실천신학 교수이신 최동규 박사님께 지면을 통해 감사드린다.

2016년 12월 선교적 교회를 세우고자 씨름하는 목양실에서

목 차 |contents|

추천사 1 ▶ 이성희 목사(대한예수교장로회(통합) 총회장, 연동교회 담임) 5
추천사 2 ▶ 이종기 목사(기독교대한성결교회 전 교회진흥원 이사장, 남군산교회 담임) 7
추천사 3 ▶ 최동규 박사(서울신학대학교 실천신학 교수) 9
저자 서문 11

제1부 선교적 교회의 필요성   17

제1장 한국교회 진단과 방향   18
1. 접근성 18 / 2. 긴급성 22 / 3. 방향성 24

제2장 선교적 교회의 필요성   31
1. 포스트모던 문화 35 / 2. 패러다임의 변화 39 /
3. 지역교회의 정체성 44

제3장 선교적 교회론의 기초   52
1. 성경적 의미 54 / 2. 신학적 근거 58 / 3. 교회의 특징 62

제4장 선교적 교회론의 발전   75
1. 레슬리 뉴비긴 78 / 2. 크레이그 밴 겔더 84 / 3. 찰스 밴 엥겐 88

제5장 선교적 교회의 신학적 설계 · 95

1. 교회 본질과 선교공동체 95 / 2. 교회사역과 성령공동체 99 /
3. 교회 조직과 보냄공동체 104

제2부 목회행정 전략 · 111

제6장 선교적 교회의 목회행정 · 112

1. 목회행정 이해 112 / 2. 선교적 리더십 116 /
3. 관리 시스템 128 / 4. 경영 적용 131

제7장 선교적 교회의 사역 · 139

1. 비전의 개발 139 / 2. 평신도훈련 143 / 3. 지역의 접근 149

제8장 사역을 위한 시스템 · 156

1. 유기체적 조직 158 / 2. 리더들의 지원 160 /
3. 평가하는 행정 164

| contents |

제3부 선교적 교회 세우기　　　　　　　　　　　　　170

제9장 목회행정을 통한 실천　　　　　　　　　　　　171

1. 모임을 위한 초청 171　/　2. 세움을 위한 조직 176　/
3. 보냄을 위한 파송 191

제10장 평가와 도전　　　　　　　　　　　　　　　　213

1. 평가 213　/　2. 실천 원리 217　/　3. 새로운 시작 221　/
4. 제언 224

제 1 부
선교적 교회의 필요성

제1장 한국교회 진단과 방향

제2장 선교적 교회의 필요성

제3장 선교적 교회론의 기초

제4장 선교적 교회론의 발전

제5장 선교적 교회의 신학적 설계

제 1 장
한국교회 진단과 방향

1. 접근성

오늘날 많은 사람이 '사람들을 끌어들이는 교회 유형'에 식상해하면서 기존의 유형과는 다른 새로운 교회를 갈망하고 있다. 이 말은 단순히 사람들을 교회에 끌어들이는 교회가 잘못되었음을 지적하는 것이 아니다. 단지 그렇게 하는 것이 교회의 주된 목표가 됨으로 인해 성령께서 세상에서 하시고자 하는 일을 놓치게 된다는 점을 지적하는 것이다.[1]

최근에 기존 교회들의 문제점을 극복하려는 움직임이 셀교회, 가정교회, 이머징교회, 목자교회 등의 다양한 형태로 나타나고 있다. 그러나 그 어떤 목회운동이라도 교회의 본질을 구현하는 노력이 없다면 한 시기의 유행에 지나지 않는다.

이런 관점에서 수년 전부터 북미교회에서 시작되고 등장한 것이 선교적 교회운동(the missional church movement)이다. 이 운동은 다양한 목회운동을 종합적으로 아우를 수 있는 중요한 신학적 시사점을 제시하고 있다. 이 운동이 그 어떤 운동보다 중요한 이유는 교회의 궁극적인 존재 이유가 분명하기 때문이다. 참된 교회는 예수님을 사랑하고, 그분의 거룩함, 의로움, 은혜, 사랑을 세상에 보여주는 교회이다.

그러나 오늘의 교회는 필 헬퍼(Phil Helfer)가 지적한 바와 같이 자기에게 부여된 능력과 소임을 깨닫지 못하고 시시한 꿈만 꾸고 있는 잠자는 거인과 같다.[2] 교회가 그 존재 이유를 상실한 결과 하나님 나라 확장과는 거리가 먼 개교회의 양적 성장에만 집중하고 있다. 그러나 오히려 시간이 갈수록 교회들이 쇠퇴해가고 있다. 더 심각한 것은 교회가 신앙공동체가 아닌 일반적인 공동체로 전락해가고 있다는 점이다. 바로 이러한 양상과 문제의식 속에서 선교적 교회운동의 필요성이 대두되는 것이다.

선교적 교회는 신학적 수준에서 검토할 때 교회의 건강성을 확보할 수 있을 뿐만 아니라 참된 교회의 모습으로 세워갈 수 있다. 도널드 맥가브란(Donald A. McGavran)이 "교회성장은 기본적으로 신학적인 자세이다."[3]라고 한 말은, 교회의 토대와 출발점이 어디에 있는지 분명하게 알려준다.

오늘날 '위기의 한국교회'를 만든 중요한 원인으로 교회성장운동의 역기능이 지적되고 있다. 맥가브란을 중심으로 시작된 교회성장운동은 본래 잃어버린 영혼을 구원하는 선교를 강조하면서, 교회성장은 그 선교의 외적 결과로 나타난다고 주장하였다. 그러나 그의 사상을 받아들인 한국교회는 '성장을 위한 성장'을 추구하면서 교회성장운동의 역기능에 빠진 것이다.

　필자도 목회를 하면서 양적 교회성장과 그것을 이루기 위한 프로그램식 선교가 가진 한계를 수없이 경험하였다. 이에 대한 고민을 하던 중에 선교적 교회론에 그 해답이 있다는 것을 발견하게 되었다. 선교는 프로그램이 아닌 교회의 목적이며 예수 그리스도의 교회로서 우리들 자신이며 교회가 존재하는 이유이다.[4] 따라서 지상에 있는 모든 교회들은 새롭게 교회를 개척하는 교회나 크고 작은 교회를 막론하고 선교적인 교회로 세워지고 전환되어야 한다.

　이 세상에 복음을 효과적으로 전하는 선교적 교회가 되기 위해서는 먼저 교회의 기존 방식을 수정해야 한다. 그리고 변화하는 세상 속에서 교회가 복음을 효과적으로 전할 수 있도록 교회의 선교적 정체성을 깊이 탐구해야 한다. 나아가 새로운 방식을 받아들이면서 변화된 사역의 방식들을 적극적으로 활용할 수 있어야 한다.[5] 이와 같이 변화와 정체성과 방식이라는 과정은 필수적이다.

　선교적 교회로의 구체적인 변화를 추구하는 것과 관련하여 필자가 관심을 갖고 있는 신학적 이슈들은 다음과 같다.

- 선교(mission)와 선교적 교회(the missional church)는 어떻게 다른가?
- 선교적 교회의 개념 속에 교회성장의 요소를 포함하고 있는가?
- 선교적 교회는 해외선교만을 강조하는 교회인가?
- 그것은 기존의 교회성장운동과는 반대되는 의미를 가지고 있는가?

'선교하는 교회에서 선교적 교회로 전환하라'는 말처럼, 오늘날 한국교회의 선교는 단순한 방법론이나 기술의 개선이라는 차원을 넘어서 근본적인 체질 개선만이 유일한 희망이다. 선교하는 교회에서 선교가 체질이자 본질인 선교적 교회로 전환되어야 한다. 선교사나 목회자 또는 교회를 개척하는 사람들은 선교적 본질의 바탕 위에 교회를 세워야 한다. 그런데 한국교회에는 선교라고 하는 용어에 대한 오해가 있다. 아마도 그 이유는 일반적으로 해외선교와 결부시키는 경향이 있기 때문일 것이다.[6] 이런 방식으로 생각하면 '선교적 교회'라는 개념 역시 단순히 '해외선교를 하는 교회' 정도로 이해하게 될 가능성이 높다.

이런 점에서 우선 모든 논의에 앞서 '선교적'(missional)이라는 용어의 개념 정의가 선행되어야 잘못된 오해나 질문을 사전에 차단할 수 있다. 따라서 선교적이라는 단어의 정의는 교회가 존재하는 목적이 선교에 있으며, 그 선교란 신자들의 삶의 자리가 선교현장임을 인식하고 살아가는 행위이다.

나름 목회를 잘 한다고 하는 목사라도 선교적 교회가 도대체 무엇인지를 정확하게 이해하지 못하고 있음을 볼 때 안타까울 뿐이다. 전제할 것은 선교적 또는 선교적 교회라는 개념은 갑자기 등장한 새로운 내용이 아니라는 점이다. 이미 알고 있었던 내용이며 현재도 많은 교회가 진행하고 있는 사역일 수도 있다. 때문에 목회자가 선교적인 교회를 세우고자 할 때 어렵지 않게 접근할 수가 있다.

2. 긴급성

오늘날 한국교회에 가장 긴급한 것은 '과연 교회는 하나님에 의해 세상으로 파송된 선교사로서의 정체성을 다시 재발견할 수 있으며 그 사명을 감당할 수 있겠는가'[7]이다. 이 말은 한국교회가 최우선으로 해야 할 일이 본질을 회복하는 일임을 강조한 것이다. 어느새 성장주의나 물량주의에 편승해 버린 교회가 됨으로 인해 교회가 사회에 교회다운 모습을 보여 주지 못하고 세상의 공격과 비난을 받고 있다. 이처럼 교회가 신앙의 본질보다는 제도화되고 화석화되어가고 있다.

이 문제를 해결하기 위해서는 교회의 본질에 대한 분명한 이해가 선행되어야 한다. 본질을 놓치면 다 놓치는 것이다. 기독교의 본질은 예수복음, 하나님의 말씀인 성경, 하나님의 나라를 회복하고 확장하는 것이다. 그러나 교회의 본질이 빠지고 비 본질들에 관심을 갖기 시작하면, 시간이 흐를수록 교회는 더욱 더 교회의 모습을 잃어버리고 존재감을 상실하게 된다.

또한 아무리 선교적 교회라는 개념이 교회의 본질에 적합하고 그 원리가 분명해도 그것을 담아내고 세워가는 실천과정이 중요하다. 결국 핵심은 '한국교회가 어떻게 복음의 본질을 상실하지 않으면서도, 현 사회 문화적 상황에 부합한 선교적 교회를 세우는 목회행정을 실행시켜 나갈 수 있는가?'[8]이다. 이 질문은 선교적 교회를 세우기 위하여 어떤 방법과 과정과 단계를 거쳐서 교회의 본질과 원리를 담아 낼 수 있는가에 대한 행정적인 적용의 문제이다.

이에 대한 해답 역시 교회의 본질로부터 시작되어야 한다. 교회는 본질적으로 하나님을 믿는 신앙공동체임과 동시에 인간들이 함께 참여하는 조직공동체로 형성될 때 온전하게 세워질 수 있다. 그러나 내용물은 충실한데 내용물을 담을 수 있는 그릇이 준비되지 않는 것이 한국교회의 안타까운 현실이다.

나아가 선교적 교회론의 본질은 언제나 현재 진행형이며 역동성을 가져야 한다. 그리고 모든 민족을 제자로 삼는 증인 사역을 위해 순종하고 실천해야 한다. 이 차원에서 선교적 교회는 단순히 파송하고 후원하는 차원에 머물지 않고 교회의 존재와 목적과 삶의 방식을 묻는다. 이 책은 오늘의 목회현장에서 이런 선교적 교회를 세워야 한다는 당위성을 전제로 하고 있다.

오늘날 한국교회가 대중들로부터 점점 소외당하는 현상은 선교적 교회론의 긴급함을 더 분명하게 부각하고 있다. 북미 현장에서 선교적 교회가 새로운 대안으로 등장한 것처럼 한국사회에서도 '교회란 과연 무엇이냐'는 정체성의 문제가 강력히 대두되고 있다. 이런 상황에서 선교적 교회론은 오늘날 한국사회가 교회에 던지는 도전적 질문 곧 '기독교는 과연 어떤 존재이며 어떤 역할들을 하고 있느냐'는 질문에 대해 분명한 해답을 주고 있다.

필자는 많은 지역교회들이 이미 고착화된 전통적 교회들의 모습인 '교회를 위한 교회'로 전락해가고 있는 현실에 주목한다. 따라서 지금의 한국교회가 이 문제를 반드시 해결해야만 긍정적인 미래를 보장받을 수 있으며 하나님의 나라와 의를 세울 수 있다. 이런 인식 속에서 교회가 선교적 교회로 전환하기 위해서는 반드시 목회행정을 도입하고 적용시키는 실천이 따라야 한다. 이 책은 본질을 망각하여 교회의 정체성에 대한 위기를 맞고 있는 한국교회에 새로운 대안을 제시하려는 목적을 가지고 있다.

이 시대야 말로 교회는 말이 아니라 행동으로 지역사회 속으로 들어가야 할 때를 맞고 있다. 제프 아이오그(Jeff Iorg)는 '선교적 삶'을 다음과 같이 강조하였다.

> 많은 그리스도인들은 밖에 혼자 있는 것을 불편해하며 가능한 자주 다른 그리스도인들과 함께 있으려고 하고, 비 그리스도인들과는 가벼운 관계만을 유지한다. 그러나 선교적 삶에 가장 기초가 되는 것은 당신이 그 공동체에 그저 잠시 머무는 것이 아니라 파송되었다는 관점을 받아들이는 것이다.[9]

그러므로 이제 교회가 시급하게 해결해야 할 일은 교회의 소속 교인이 아니다. 그리스도의 제자들을 키워 내는 일이며 더 이상 숫자를 묻지 말고 교회와 교인들이 지역사회에서 갖고 있는 영향력에 관하여 고민해야 한다. 오늘날 교회의 위기가 절망의 신호탄이 아니라 소망의 디딤돌이 되기 위해서는 선교적 교회로의 회복을 위한 위대한 장정에 나서야 한다.

3. 방향성

이제 교회가 교회다워지기를 바라는 모든 사람에게 한 가지 방향을 제시할 필요가 있다. 그것은 교회의 본질 회복을 위한 선교적 교회를 세우고자 한다면 그 본질과 원리를 담아낼 수 있는 실제적 방법론에 관심을 갖는 것이다. 그리하여 선교적 교회로의 전환을 위한 실천적인 대안이 제시가 된다면 한국교회 전체에 새로운 도전을 줄 것이다.

이에 앞서 선교적 교회와 관련하여 목회자들이 먼저 선교적 교회에 대한 바른 이해를 갖는 것이 일차적으로 중요하다. 하지만 그것만 가지고는 선교적 교회로 전환하기에는 역부족이다. 음식을 담는 그릇과 같이 다음단계로 목회행정의 적용과정에서 전략과 구조가 세워져야 한다. 선교적 마인드가 원리이고 행정은 전략이기 때문이다.

이는 세속적인 환경에 맞게 조직과 행정 구조를 변화시켜야 한다는 의미가 아니다. 찰스 밴 엥겐(Charles Van Engen)도, "대부분의 세속적인 방법들은 종교기관에 대부분 맞지 않다."[10]고 지적한다. 때문에 신앙공동체를 기반으로 한 목회행정이야말로 선교적 교회로 전환할 수 있는 실제적인 전략의 지침들을 실행하면서 방향을 잡아 갈 수 있다.

필자는 전통적으로 하나님의 교회가 가시적이고 양적인 교회성장을 해야 한다는 주장에 공감하고 있음을 미리 밝혀 둔다. 그러나 교회의 본질이라는 관점에서 볼 때 교회성장만을 강조하는 개념이 편협한 이유는 교회가 교회만을 위한 공동체가 아니기 때문이다. 참된 교회의 모습은 세상과 교회 안에서의 사역과 삶, 가정, 직장 등 삶의 현장에서도 그리스도인의 모습을 보여줄 수 있는 사도성을 지닌 선교적인 삶으로 드러나야 한다. 이것은 교회의 나아갈 방향이 올바르게 정해질 때 비로소 하나님이 원하시는 교회가 되기 때문이다.

또한 '선교적 교회'라는 개념은 너무나 보편적이고 광범위하다. 그 결과 선교적 교회의 모습을 설정하고자 할 때 목회현장인 교회에서 실행시킬 수 있는 방법들이 다양할 수밖에 없다. 그런데 밴 엥겐은 "이제까지 많은 목회자들이 선교적 교회가 되기를 바라면서도 좀 더 세심하고, 목적의식이 뚜렷하며 비전이 있는 행정(visionary administration)을 하려는 노력을 하지 않는다."라고 지적했다.[11] 이것은 선교적 교회에 대한 이론적 토대가 마련되었다면 제도적 장치가 되는 행정과 경영의 방법을 적용해야 함을 암시하고 있다.

이런 관점에서 교회가 올바른 방향을 정하기 위하여 몇 가지 질문을 하게 된다. 초대교회에 선교적 교회의 모습은 있었는지, 선교적 교회의 관점에서 볼 때 교회성장 개념을 어떻게 이해하고 있는지, 선교적 교회는 포스트모던 문화에 대응하여 어떤 모습으로 바뀌어야 하는지, 한국의 포스트모던 상황에서 적합한 선교 행정과 리더십은 어떤 것들이 있는지 하는 것들이다.

한편 '선교적 교회'라는 개념은 근거 없이 갑자기 나타난 주장이 아니다. 한국 교계뿐만 아니라 이미 서유럽과 미국 그리고 아시아의 기독교계에 화두로 떠오르고 있다. 선교적 교회에 대한 연구는 그동안 다양하게 진행되어 왔다. 초기 교회성장학자들인 도널드 맥가브란, 피터 와그너(Peter C. Wagner)와 같은 1세대 학자들은 교회성장의 관점에서 교회를 바라보았다. 그리고 하나님 나라의 관점에서 성장을 강조한 에디 깁스(Eddie Gibbs), 자연적 교회성장을 주장한 크리스티안 A. 슈바르트(Christian A. Schwarz), 통전적 교회성장을 주장한 올란도 코스타스(Orlando E. Costas) 등의 2세대 학자들의 교회성장 개념 속에 이미 선교적 교회에 대한 단초들이 내재되어 있었다.

다행인 것은 1, 2세대의 연구에서 드러나지 않았던 선교적 교회에 대한 개념들을 마치 보화를 캐내는 것과 같이 찾아낼 수 있게 되었는데, 하나님의 선교(*missio Dei*) 개념에는 하나님이 선교의 주체가 되신다는 본질이 밑바탕에 깔려있었던 것이다.

레슬리 뉴비긴을 시작으로'복음과 우리 문화 네트워크'(GOCN, Gospel and Our Culture Network)¹²에서 선교적 교회에 대하여 본격적으로 부각되기 시작하였으며, 최근에 와서 에드 스테쳐(Ed Stetzer), 데이비드 푸트만(David Putman) 등의 학자들이 교회 쪽에 관심을 가지게 되었고, 여러 학자들에 의해 이 선교적 교회에 대한 폭넓은 연구가 진행되고 있다.

최근 국내에서도 선교적 교회에 대한 원리와 임상적인 연구가 활발하게 진행되고 있다. 그중에서 한국선교신학회에서 발행하고 있는 학술지 「선교신학」 36집에는 책의 전체 분량을 '선교적 교회'라는 특집으로 다루기도 하였다.¹³

- 강아람, "선교적 교회론과 선교적 해석학"
- 김에녹, "선교적 교회운동을 위한 통합연구"
- 김은수, "선교적 교회와 에큐메니칼 역사"
- 안승오, "선교적 교회론과 예배"
- 이상훈, "하나님의 백성의 선교적 사명과 책무"
- 이후천, "선교적 교단을 향하여"
- 장남혁, "지역사회에 대한 선교적 교회의 접근법"
- 최동규, "선교적 교회의 관점에서 본 교회"
- 한국일, "선교적 교회의 실천적 모델과 원리"
- 홍기영, "선교적 교회의 관점에서 본 선교"
- 황병배, "선교공동체로서의 농촌교회와 통전적 선교 가능성 연구"
- 황홍렬, "선교적 교회론에서 본 한국 민중교회"

이런 연구에도 아쉬운 점은 국내학자들의 연구발표나 단행본과 논문을 찾아보기가 매우 어렵다. 단지 학술지에 소논문의 형식으로 부분적으로 게재하고 있는 상황이다. 다행인 것은 최근 『선교적 교회론과 한국교회』라는 단행본이 출간되었다. 이 책은 서구 학자들의 책을 번역하는 수준에서 벗어나 한국 학자들에 의해 선교적 교회론에 관해 논구하고 있다는 점에서 의의가 있다.[14]

선교적 교회론에 대한 대표적인 번역서적으로는 『하나님의 선교적 교회』(CLC 刊), 『선교적 교회 만들기』, 『교회란 무엇인가』, 『선교암호 해독하기』, 『선교적 교회론의 동향과 발전』(CLC 刊), 『교회의 본질』(CLC 刊) 등이 있다.[15]

이 책들은 선교적 교회의 시작 단계부터 현재의 진행과정, 그리고 실제 목회현장인 교회에서 어떻게 선교적 교회로 전환할 수 있는가에 대한 이론적인 토대를 목회적인 관점에서 세워갈 수 있는 자료들이다. 나아가 선교적 교회를 세워나갈 목회자들의 리더십을 신학적, 성경적, 역사적으로 올바르게 이해하는 데 도움이 되며, 목회적 상황에서 어떻게 적용할 수 있는가에 대한 실제적인 자료로서의 가치를 부여하고 있다.

또한 사도적 교회가 되어야 한다고 주장하는 조지 헌터(George G. Hunter)의 『사도적 교회』는 선교적 교회성장에 대하여 가장 잘 표현한 저서이다. 제프 아이오그의 『선교사처럼 살라』는 회중들에게 선교사와 사도적 의식화의 과정이 필요하며, 나아가 회중들이 실제 삶의 현장에 흩어져서 생활하는 것이 중요함을 강조한다. 이런 책들은 선교적 교회를 이해하는 데 유익한 자료가 된다.

또한 목회행정의 방법으로 실제 적용의 방안을 제시한 학자들 중 대표적인 학자는 앨빈 린그렌이다. 그는 교회행정은 "교회의 꿈을 실현하기 위한 철저하고도 체계적인 활동으로, 교회가 처한 상황에서 교회의 목적과 목표를 발견하고 분명히 하는 작업"이라고 주장했다.[16] 이처럼 목회행정가는 공동체의 공동 목적을 공유해야 하며 교회가 처한 상황을 직시하면서 공동목표를 달성하기 위해 어떤 방법이 필요한지를 항상 고민해야 한다.

밴 엥겐도 목회행정의 중요성에 대하여 말하기를 무엇을 해야 할 것인지 아는 것만으로 일이 되는 것이 아니기 때문에 행정이 중요하다고 강조한다. 즉 교회가 선교적 교회의 본질을 이해했다고 해서 저절로 선교적 교회가 만들어지는 것이 아니며 여기에는 행정이 뒤따라야 실제로 선교하는 교회가 될 수 있음을 말한다.[17] 도널드 스미스(Donald Smith)도 『생동하는 교회』에서 사역을 나누는 교회가 되기 위해 지도력과 행정이 중요하다고 강조하였다.[18] 닐 콜(Neil Cole)과 필 햄퍼 역시 죽음의 신학을 설명하면서 "진정한 신학은 단순한 지식과 원리에 머무는 것이 아니라 실제 현장에서 선교적 마인드를 가지고 실천에 옮길 때 온전한 신학이 된다."[19]고 강조했다.

이런 점에서 유수한 학자들의 연구에도 불구하고 선교적 교회를 세우는 목회행정의 방법론은 아직 초기 단계에 있으며 기껏해야 원론적인 강조에 그치고 있다. 여전히 선교적 교회에 대한 원리를 바탕으로 실제 목회현장에 적용할 수 있는 목회행정의 방법론과 전략이 부족한 것이 현실이다. 왜냐하면 아직까지 한국교회에서는 선교적 교회에 대한 연구가 현장 목회자들보다는 학자들 사이에서만 논의되고 강조되고 있기 때문이다. 그러나 필자는 목회자적인 관점에서 선교적 교회를 이해하고 세우기 위한 방향성을 가지고 목회행정과의 연결을 접목하고자 하는 노력을 시도하였다.

미주

1 앨런 록스버러 & 스캇 보렌, 『선교적 교회 입문』, 이후천 · 황병배 · 이은주 역 (고양: 한국교회선교연구소, 2014), 22-23.
2 닐 콜 & 필 헬퍼, 『교회 트랜스 퓨전』, 안정님 역 (서울: 스텝스톤, 2014). 310.
3 Donald A. McGavran, *Understanding Church Growth*, 3rd edition, (ed.) C. Peter Wagner (Grand Rapids: Eerdmans, 1990), 8.
4 찰스 밴 엥겐, 『모이는 교회 흩어지는 교회』, 임윤택 역 (서울: 두란노, 1994), 115-117.
5 릭 로우즈 & 크레이그 밴 겔더, 『선교적 교회 만들기』, 황병배 · 황병준 역 (고양: 한국교회선교연구소, 2013), 32.
6 혹자는 missions는 해외선교를, mission은 보다 폭넓은 하나님의 선교개념을 의미하는 것으로 이해하기도 했다. 이런 이해가 오히려 오늘의 논의와 더 맞닿아 있다고 할 수 있다.
7 요하네스 블라우, 『교회의 선교적 본질』, 전재옥 역 (서울: 한국장로교출판사, 1994), 152.
8 Ibid.
9 제프 아이오그, 『선교사 처럼 살라』, 손정훈 역 (서울: 토기장이, 2013), 67.
10 찰스 밴 엥겐, 『모이는 교회 흩어지는 교회』, 311.
11 찰스 밴 엥겐, 『모이는 교회 흩어지는 교회』, 241.
12 마이클 프로스트 & 앨런 허쉬, 『새로운 교회가 온다』, 지성근 역 (서울: Ivp, 2009), 24-25에서 재인용, 1996년 시작된 북미의 '복음과 우리 문화 네트워크'(GOCN)는 레슬리 뉴비긴과 데이비드 보쉬의 통찰을 북미의 상황 속에 투영한 움직임이었다. 이들은 자신들의 사명을 이렇게 말한다. "복음과 우리 문화 네트워크는 문화와 복음, 그리고 교회의 상호관계에 주의 깊은 관심을 기울인 데 존재 이유가 있다. 이것은 교회의 활력과 증언에 있어서의 진정한 갱신은 오직 우리 문화 속에서 복음과 신선하게 만나는 것으로부터 온다는 확신에 근거한 것이다. 그렇기 때문에 본 네트워크는 교회의 선교적 정체성을 회복하기 위해 필요한 문화에 대한 연구, 신학적 성찰과 교회갱신에 활동의 초점을 맞추고 있다. 본 네트워크는 이런 이슈들을 다양한 방식으로 추구한다."
13 한국선교신학회, 「선교신학」 제36집 (2014).
14 한국선교신학회, 『선교적 교회와 한국교회』 (서울: 대한기독교서회, 2015).
15 찰스 밴 엥겐, 『하나님의 선교적 교회』, 임윤택 역 (서울: CLC, 2014), 릭 로우즈, 크레이그 밴 겔더, 『선교적 교회 만들기』, 황병배 · 황병준 역 (고양: 한국교회선교연구소, 2013), 한스 큉, 『교회란 무엇인가?』, 이홍근 역 (서울: 분도출판사, 1996). 에드 스테처 & 데이비드 푸트만, 『선교암호 해독하기』, 이후천 · 황병배 역 (고양: 한국교회선교연구소, 2012), 크레이그 밴 겔더 & 드와이트 J. 샤일리, 『선교적 교회론의 동향과 발전』, 최동규 역 (서울: CLC, 2015), 크레이그 밴 겔더, 『교회의 본질』, 최동규 역 (서울: CLC, 2015).
16 앨빈 린그렌, 『교회 개발론』, 박근원 역 (서울: 대한기독교출판사, 1985), 247.
17 데릴 구더, 『선교적 교회』, 정승현 역 (인천: 주안대학원대학교 출판부, 2013), 247-248.
18 Ibid., 185.
19 닐 콜 & 필 헬퍼, 『교회 트랜스퓨전』, 125-141.

제 2 장
선교적 교회의 필요성

　선교적 교회란 교회 자체에 관한 것이 아니다. 교회가 어떻게 하면 더 좋아질 것인가도 아니고, 어떻게 하면 더 많은 사람들을 교회로 오게 할 것인가도 아니다. 이 모든 일은 다 좋은 일이지만 이것이 결코 선교적 교회의 핵심이 아니다.[1] 하나님의 관심은 교회보다 더 넓은 지역과 세상에 있다. 성령은 교회로 하여금 그 자신과 내부의 문제를 넘어 교회 밖으로 나아갈 것을 요구한다.[2]

　아쉬운 것은 아직까지 많은 교회들 중에서 이렇다 할 선교적 교회의 모델이 없다는 점이다. 물론 하나님의 선교를 수행하는 교회들에 대하여 말할 때 범위와 양상들이 다양하기 때문에 하나의 모범적인 모델을 정하기란 쉽지 않다. 선교적 교회에 대한 하나의 분명한 양식은 없으며 예측 가능한 양식이나 모델도 없기 때문이다.[3] 먼저 선교적 교회에 대한 관심을 가져야 하는 이유는 개교회의 성장방법론이나 해외선교와 관련된 문제를 풀어나가기 위한 것이 아니라 신학적으로 선교와 교회를 깊이 있게 다루며 연결시키고 있기 때문이다.

이런 관점에서 필자는 현재의 교회의 위기상황을 근거로 선교적 교회의 접근성, 긴급성, 방향성을 살펴 보았다. 하지만 한 걸음 더 나아가 교회가 성장하는 과정에서 어떤 변화의 단계를 거쳤는지를 역사적 측면에서 고찰해야 한다. 그래야만이 이 시대에 선교적 교회가 왜 필요한지, 그리고 선교적 교회라는 개념이 한 시대의 교회운동이 아니라는 인식을 분명히 할 수 있기 때문이다.

첫째는 교회성장으로 1960년대에 도널드 맥가브란을 중심으로 하는 교회성장운동 이론이 해외선교의 관점에서 시작되었다. 이 운동을 1970년대에 피터 와그너가 대중화시켰으며 이어 1980년대에는 복음주의 진영에서 폭발적으로 확산되었다.[4]

둘째는 교회건강으로 교회성장운동의 영향력으로 여러 가지 긍정적인 요소가 있었음에도 불구하고 1990년대에 들어 그 영향은 크게 줄어들었다. 이 문제를 해결하기 위한 방안으로 나타난 개념이 교회건강 운동이었다. 이 운동을 주장하는 이들은 분명한 핵심가치들과 길 잃은 영혼들을 위한 열정 위에 세워진 건강한 교회들이 성장할 것이라고 강조하였다.[5]

셋째는 선교적인 교회로 교회건강에 초점을 맞추고 씨름하는 동안 성공한 목회자들은 자신들의 지역교회에 대한 하나님의 독특한 비전을 발견하였다. 그들은 하나님께서 자신들을 배치한 곳에서 선교적 교회들이 되었다. 그리하여 교회성장이나 교회건강에 대한 권위자들에게 의존하는 대신에 자신들의 이웃 안에 있는 선교적 암호들을 해독하였다.[6] 이들은 선교적 암호들을 해독하는 과정에서 몇 가지 긍정적인 변화를 이끌어왔다.

그 내용은 아래 표와 같다.[7]

선교적 교회 전환을 위한 사고의 변화

이전	이후
프로그램에서	과정으로
인구통계에서	안목으로
모델에서	선교로
끌어들임에서	성육신으로
동일성에서	다양성으로
전문적에서	열정적으로
앉아 있기에서	보내기로
결단에서	훈련으로
추가적에서	기하급수적으로
기념에서	운동으로

물론 교회성장운동이 그 당시에 교회에 큰 도움을 준 것은 사실이지만 이 시대는 선교공동체로서 교회의 새로운 시작을 위해 새로운 강조점이 필요하다. 선교적 교회는 과연 누가 교회이고, 그것은 어떤 존재가 되어야 하며, 무엇을 하도록 부름을 받았는지에 대한 총체적인 표현이다.

선교적 교회는 교회성장과 교회건강이라는 개념 위에 세워졌지만 각각으로부터 배웠던 교훈들을 세상 끝뿐만이 아니라 자신들의 선교 현장에서 오직 선교를 중심으로 결합시킨다. 그러므로 선교적 교회가 된다는 것은 단순히 교회가 좋아지는 것을 넘어 지구적인 동시에 지역적으로 선교적 결단을 내리는 것을 의미한다.[8]

다음 표는 선교적 교회의 목회개념을 설정하는 데 도움이 된다.

선교적 교회전환을 위한 목회적 개념[9]

교회성장	교회건강	선교적 교회
초청받은 성도	사역자로서의 성도	선교사로서의 성도
회개와 세례	제자훈련	선교적 삶
전략적 계획	개발 프로그램	부여되는 권능
스태프에 의해 인도됨	팀 리더십	개인적 선교
전망(목표)를 달성함	지역사회를 전도함	지역의 변화를 이끎
모임	훈련	방출
추가	내부그룹의 증가	교회개척의 증가
획일성	다양성	모자이크
인간 중심	교회 중심	하나님 중심
선교대명령	대계명	하나님의 선교

위의 표를 통해 선교적이라는 개념 속에는 통전적인 사고방식의 전환이 필요함을 발견하게 된다. 선교적 교회를 잘못 이해하면 교회성장이나 교회건강을 별것 아닌 것으로 오해할 수가 있다. 그러나 교회를 성장시키는 일과 교회를 건강하게 세운 것 역시 하나님의 계획이기 때문에 선교적 교회는 이 두 가지 요소를 기본적인 틀로 삼아 세워져야 한다.

또한 선교적 교회는 대위임령(마 28:18-20)을 성취하기 위하여 내적으로는 예배와 교육과 친교를 통해 역동성을 갖추어야 한다. 뿐만 아니라 복음전도, 교회개척, 성육신적 사역, 공적 제자도의 실천을 통해 지역사회와 세상 안에서 문화에 적합한 방식으로 복음을 증언하는 교회가 되는 것이 우선이다. 외적으로는 복음의 사회적 영향력이 확대되고 궁극적으로는 그리스도께로 돌아와 교회의 책임 있는 구성원이 되는 사람들이 증가하므로 인해 외적인 역동성을 세워가는 것이다.[10] 이처럼 선교적 교회는 내적·외적인 요소를 모두 포함한다.

이런 모습의 선교적 교회가 바로 하나님이 원하시며 시대가 요구하는 교회의 모습이다. 그렇다면 과연 오늘날의 포스트모던 문화의 시대적 상황에서 선교적 교회가 왜 필요하며, 선교적 교회로의 전환을 위하여 기존 교회가 어떻게 패러다임의 변화를 시도해야 하는지, 그리고 지역교회의 정체성이 무엇인지를 분명하게 정리할 필요가 있다.

1. 포스트모던 문화

1) 포스트모던의 이해를 위해서 모더니즘의 이해가 전제되어야 한다

모더니즘은 계몽사상과 르네상스가 탄생시킨 시대적 상황 가운데 주류를 이룬 이념이다. 모더니즘의 할머니는 르네상스이고 어머니는 계몽주의적 가치관이라고 말할 수 있다.[11] 계몽사상의 특징인 모더니즘의 기본이념은 '이성에 대한 무한 신뢰, 기계적이고 이원론적 가치관, 역사의 진행을 반복적인 것으로 해석하는 진보적인 세계관'이다.[12]

그러나 왕권주의에서 벗어나 신으로부터 독립된 주체로서 인간의 이성을 최고의 가치로 보고 인류에 발전만을 줄 것이라는 모더니즘의 가치관에 한계가 드러나기 시작하였다. 그 결과 근대의 낙관주의의 대표적 상징이었던 이데올로기의 이상이 종식된 것이다.[13] 이와 같이 인간의 한계와 과학의 발전에 대한 부작용이 나타나면서 여러 가지 운동들과 사상들이 등장하게 되었다. 그 대표적인 것이 포스트모더니즘이며 이 이념은 다양한 분야와 다양한 방식으로 세상을 바라보는 새로운 세계관의 출현으로 등장하게 되었다.

2) 포스트모더니즘의 개념이다

포스트모더니즘은 근대의 계몽주의 이후에 나타난 모더니즘의 한계를 극복하려는 노력의 일환으로 나타나는 하나의 시대정신이고 문화적인 현상이다.[14] 모던 세계관의 결정주의를 깨뜨리면서 과학적 포스트모더니즘을 넘어서려는 일종의 지적, 문화 사회적인 운동이다. 이 운동은 철학, 문학, 예술, 건축, 신학, 대중문화에 이르기까지 전 세계적으로 확산되고 있는 하나의 문화사회적인 현상이다. 그 결과 거대담론이 거부되고 이질성과 다양성이 강조되었다. 모던시대가 표방하였던 이성을 통한 합리성, 과학의 신뢰성, 진리의 객관성과 보편성과 같은 근대성을 통해 이룩된 것을 붕괴 혹은 해체시키려는 지적 문화적 운동이 되었다.[15]

이제 포스트모던 경향은 "선택 가능한 하나의 관점이라기보다는 이 시대를 관통하고 있는 시대 흐름"으로 받아들이게 되었다.[16] 사실상 포스트모더니즘이라는 용어는 일관된 정의가 없고 그 내용 규정이 다양하지만 이 시대의 정신과 문화를 규정짓는 대표적인 용어로 사용되고 있다. 포스트모더니즘의 한 특징은 절대적인 권위와 진리를 부정하기 때문에 이런 시대정신은 예술과 문화뿐만 아니라 종교 현상 속에도 드러나고 있다.

특별히 포스트모더니즘은 종교에 대한 무관심한 방임의 자세를 취하고 있다. 중세의 기독교는 '하나님이 계신다'고 말하고, 근세의 기독교는 '하나님은 안 계신다'라고 하는 데 비해, 지금의 시대는 '하나님이 계시든지 안 계시든지 상관없다'라는 입장을 취하고 있는 것이다. 기독교신학에서도 경전과 전통교리 또한 교회적 규범을 부인하고 탈 경전화 또는 탈 교리화의 입장을 취하곤 한다.[17] 이 영향으로 근대의 합리적인 가치로 근근이 버텨 왔던 기독교 핵심사상에 큰 위기가 찾아온 것이다.

3) 포스트모던 상황과 패턴이다

지난날의 모더니티의 세계는 외견상 합리적이며 객관적이고 통제하는 사회에서 지난 몇 십 년 동안 근본적이고 결정적인 변화들이 있어 왔다. 그러나 지금은 단순히 새로운 대답을 요구하는 정도가 아니라 사회의 가장 근원이 변화하고 있다. 이 새로운 세상이 포스트모던 상황이며 여기에는 다음과 같은 패턴이 있다.

① 테크놀로지에 의해서 끊임없는 선택이 가능하게 함
② 공유된 경험의 상실
③ 외관과 이미지로 전달되는 의미들
④ 일시적인 관계들
⑤ 성적인 표현들과 경험들에 대한 다양한 접근들
⑥ 장래성이 없는 직업과 더불어 두 계층 경제의 증가
⑦ 기성 종교가 필수적이지 않은 개인적인 영성
⑧ 문화 사이에서 일어나는 무차별 폭력과 충돌

⑨ 누군가 이미 망친 것 때문에 생기는 분노 혹은 적개심[18]

4) 포스트모더니즘의 특징들에 대한 이해이다

그 특징들은 상대주의와 주관주의, 그리고 다원주의와 해체주의이다. 모더니즘은 진리를 객관성과 보편성에 두고 있다.[19] 그러나 포스트모던 사상들은 보편적 진리를 포기하고, 진리의 효용성과 진리 자체까지도 부정한다는 점에서 상대주의적이다.[20]

다음으로 중세와 근대에 종교적으로 절대적인 기준이 되었던 것이 성경이었다. 하지만 포스트모던 시대에는 절대적인 기준이 되는 성경조차도 주관주의로 치우치게 되면서 포스트모던 시대의 사람들에게는 성경조차도 절대적인 기준이 될 수 없다.[21] 객관적으로 바른 가치라고 해도 그것이 자신의 삶의 현장에서 경험되지 않을 때는 수용하지 않는다. 때문에 일방적으로 교육보다는 성숙을 격려하고 대접하는 방식이 적용되어야 한다.

그리고 다원주의는 이제 더 이상 모든 것을 포괄하는 하나의 실재(reality), 모든 인간의 관심사를 하나로 묶어 주는 보편적인 단일한 세계란 없다고 주장한다. 이와 같이 포스트모더니즘은 모던 시대의 객관적 과학주의를 반대하고, 문학, 예술, 문화, 철학 등에 있어서 기본적인 원칙이나 목적이 서로 다를 수 있음을 인정하자는 것이다.[22] 이런 흐름 속에서 '예수 그리스도를 중심으로 한 하나님의 구속사역'이 진리라는 것을 말해야만 하는 도전 앞에 직면해 있다.[23]

5) 해체주의에 대한 이해이다

해체주의적 입장을 취하는 학자는 철학자 프리드리히 니체(Friedrich Nietzsche)가 대표적이다. 그의 제자였던 탈구조주의자 자끄 데리다(Jacques Derrida) 역시 지금까지 지배해 왔던 문화사회적인 통념을 거부하기 위해 '해체'라는 용어를 사용하였다.[24]

이와 같이 포스트모던 시대에 접어들면서 많은 사람이 교회를 떠나가고 있는 상황에서 교회는 교회가 지향해야 할 가치를 찾아야 하며, 과연 교회는 어떤 모습을 지녀야 할 것인가에 대한 고민에 빠질 수 밖에 없다. 필자는 이런 문제에 대한 대안과 해결방안으로 선교적 교회만이 이 시대의 유일한 대안임을 강조하는 것이다.

2. 패러다임의 변화

선교적 교회의 필요를 이해하기 위해서 포스트모던 시대의 또 하나의 주제는 패러다임의 변화에 대한 적응의 문제다. 패러다임에 대한 변화의 서두는 선교적 교회의 선교가 기존 교회의 선교와 어떻게 다르냐는 문제이다. 선교적 교회는 분명히 새로운 패러다임의 교회와 선교개념을 의미한다. 여기서 선교적 교회의 필요를 이해하기 위해 기존 교회를 낡은 패러다임에 속한 교회로 사용할 것이다.

1) 낡은 패러다임의 방식

지금까지의 낡은 패러다임에 속한 기존교회는 어떤 패러다임으로 교회를 이끌어왔는가 하는 질문에 대한 답으로 문제를 풀어가고자 한다.

(1) 교회의 정체성과 관련하여 교회의 행위에 초점을 두었다

그러나 "선교적 교회는 '선교 행위'가 아니라 교회 자체가 '선교가 되는 것'을 강조한다. 교회가 선교적 정체성을 분명하게 인식하는 것이 중요하다. 앨런 록스버그와 스콧 보렌에 따르면, '선교적으로 존재함'은 보다 나은 방식의 '교회 활동'에 관한 것이 아니요 '교회' 그 자체에 관한 것이다."고 했다.[25]

(2) 평신도의 삶과 관련한 것이다

선교 사업과 프로그램에 초점을 두기 때문에 신자들의 인격과 삶을 선교적 지평에서 배제하는 경향을 보인다.

(3) 지역사회와 선교적 교감에 관련한 것이다

선교를 주로 해외선교로만 인식하기 때문에 지역사회를 향한 선교에는 관심을 갖지 않는 경향을 보인다.

(4) 공적 제자도에 대한 실천의 관점이다

개인의 영혼구원에만 관심을 기울이기 때문에 교회가 세상에서 드러내야 할 복음의 공적 역할에는 관심을 갖지 않는 경향을 보인다.[26]

(5) 하나님 나라 관점과 관련된 것이다

개교회의 이기적인 성장만을 추구하므로 복음의 확장을 위한 연합에 대하여 소극적인 입장을 보였다.

(6) 성육신적 방식과 관련된 것이다

교회가 섬김의 자세가 아닌 권위주의적인 행태를 취한다.

2) 선교적 패러다임의 방식

변화하는 세상 속에서 교회가 복음을 효과적으로 전하려면 교회의 선교적 정체성을 깊이 탐구하고 새로운 방식을 받아들여야 한다. 그리고 변화된 사역의 방식들을 적극적으로 활용할 수 있어야 한다.[27] 이것은 교회가 무엇이고 무엇을 행해야 하는지에 대한 패러다임의 변화를 인식하고 변화에 적응할 수 있어야 함을 강조한 말이다.

새로운 패러다임의 변화를 다음의 표로 알 수 있다.

기존교회와 선교적 교회의 패러다임 변화방식

기존교회	선교적 교회
현상유지	선교
회원	제자
목사 중심	평신도 중심
자기훈련	타인환대
자신에게 집중	세상에 집중
정착	보내짐

위의 표는 과거 기존교회가 사회에서 누렸던 권위적인 위상을 강화시킨 기능적 모델에서 벗어나야 함을 보여준다. 또한 새로운 패러다임에 적응하여 교회가 세상 속에서 하나님의 선교를 수행하려면 그 안에서 먼저 역할의 변화가 일어나야 함을 보여 준다. 이것은 새로운 패러다임에 적응하는 과정에서 드러난 역할의 재발견이라 할 수 있다. 평신도들도 사역의 일선에 적극적으로 나서야 한다. 이를 위해 목회자들은 평신도들을 훈련시키고, 그들의 사역을 지원하고, 교회 안에서 밖으로의 사역이 되도록 지도력을 행사해야 하는 새로운 패러다임의 변화를 요구한다.

종합하면 기존의 낡은 패러다임의 방식들은 교회의 정체성과 관련하여 존재보다 행위에 두었고, 평신도의 활동과 관련하여 인격적인 삶보다 프로그램에 두었고, 선교범위와 관련하여 지역의 필요보다 해외선교에 관심을 두었다. 또한 공적 제자도와 관련하여 세상보다 개인의 구원에만 관심을 두었고, 교회성장과 관련하여 하나님 나라 확장보다 개교회의 성장에만 관심을 두었고, 선교적 실천방식과 관련하여 성육신적인 것보다 권위주의 행태에만 관심을 둔 것이 사실이다.

이에 새 시대의 변화에 적응하기 위해서는 다음과 같은 대안이 요구된다.

① 세상의 변화에 적극적으로 대응할 수 있는 목회적 패러다임이 필요하다.
② 문화를 선교적 도구로 사용할 수 있어야 한다.
③ 내부의 사역과 외부적 사역의 균형을 통해 이루어짐을 인식해야 한다.

④ 선교적 교회의 실현은 교회가 지역공동체를 섬기고 성도들이 주체적으로 참여하게 될 때 현실화 되는 과정임을 기억해야 한다.

⑤ 프로그램 중심에서 선교적 제자를 만드는 사역으로 초점을 옮겨야 한다.

⑥ 하나님 나라의 관점을 통해 사역과 선교를 진행해야 한다.

⑦ 선교적 교회의 원리에 기초한 사역을 실행하는 다양한 교회들의 모델들이 요청된다.[28]

새 시대의 변화에 적응하기 위한 선교적 교회의 새로운 패러다임의 내용들은 다음과 같이 제시할 수 있다.

> 지성을 넘어 영성으로, 선교하는 참된 교회로, 사업을 넘어 삶으로 하는 선교로, 건강한 교회 기준을 제자도로, 세상과 소통하는 교회로, 감성과 섬김의 리더십으로, 평신도의 활성화로, 삶과 하나가 되는 믿음의 예배로, 소통의 목회로, 소그룹의 활성화로, 섬김의 행위와 따뜻한 삶의 이야기가 있는 착한 전도로[29]

이 시대는 포스트모던 패러다임이라는 새로운 패러다임의 등장을 받아들여야 한다.[30] 지난 2000년 동안 역사적인 시기의 선교의식은 그리스도인들이 살고 활동했던 상황에 크게 영향을 받았으며, 그 시대마다 선교의 패러다임이 다르게 적용되었다. 분명한 것은 계몽주의 시대는 선교의 사상과 실제에 영향을 주는 세계 역사에서 사라질 수 밖에 없는 시기를 맞고 있다는 사실이다. 그러므로 오늘날의 교회들은 새로운 패러다임의 변화에 민감하게 대처할 수 있어야 한다.

데이비드 보쉬(David J. Bosch)는 선교적 교회가 지향해야 할 새로운 패러다임의 요소들을 다음과 같이 주장하고 있다.

> 다른 사람들과 함께 하는 교회로서의 선교, 미시오 데이로서의 선교, 구원을 중재하는 것으로서의 선교, 정의를 위한 추구로서의 선교, 복음으로서의 선교, 상황화로서의 선교, 해방으로서의 선교, 문화화로서의 선교, 공동 증거로서의 선교, 하나님의 전체 백성들에 의한 사역으로서의 선교, 타종교인들에 대한 증거로서의 선교, 신학으로서의 선교, 소망의 활동으로서의 선교[31]

이것은 새로운 패러다임에 기초한 선교적 실천은 전통적인 선교개념의 고정관념들에 대한 근본적인 재고와 새로운 변화를 촉구하는 것이다. 결국 과거의 제도적이고 전통적인 교회를 선교적 교회로 세우기 위해 무엇이 선행되고 변화되어야 하는지 하는 패러다임의 변화에 대한 적응능력이 있어야 한다.

3. 지역교회 정체성

선교적 교회의 필요를 이해하기 위해서는 지역교회가 일반적인 교회 개념과는 또 다른 의미의 정체성이 있다는 점을 알아야 한다. 교회는 그 지역과 함께하며 소속된 지역의 한 부분일 뿐만 아니라, 그 지역의 종합적인 상황에 따라서 교회의 존재가치가 새롭게 드러나고 달라진다.

하나님의 선교(*missio Dei*)는 삼위일체적 관점에서 예수 그리스도의 사역과 성령의 일하심, 하나님 아버지의 사랑에 근거하여 교회가 이 세상에 존재한다는 사실을 강조하는 것이다.[32] 또한 교회의 존재를 드러내고자 할 때 신자들의 코이노니아와, 예수 그리스도에 대한 신앙고백과 삶의 실천, 삶 속에 하나님이 임재하신다는 증거들이 있어야 한다.[33] 이 개념은 지역에 존재하는 모든 교회는 반드시 선교적 교회가 되어야 함을 재확인해 주고 있다.

선교적 교회는 미국에서 빠르게 변화하는 상황에 지역교회들이 어떻게 효과적으로 대응할 수 있는가에 대한 고민에서 출발하였다. 그들은 '교회가 무엇을 해야 하는가?'라고 묻기 전에 '교회가 무엇으로 존재해야 하는가?'라는 질문에 답하려고 하였다.

교회의 정체성을 묻는 질문에서 '하나님이 왜 교회를 만드셨는가?' 그리고 '왜 하나님이 지역교회를 세우셨는가?'

선교적 교회는 이러한 물음에 답하고자 하였다.[34] 대럴 구더는 지역교회의 정체성에 대하여 교회는 세상 속에서 직접 일하시는 현존하시는 하나님의 대행자라고 하였다.[35]

이런 것들은 교회의 정체성인 교회의 본성과 본질에 관심을 가지게 하였다. 그리하여 빠르게 변화하는 세상에서 지역교회가 어떻게 응답해야 하는지를 알려주는 결정적인 역할을 함으로써 선교적 교회의 필요성을 인식하게 만들었다.

나아가 근본적으로 지역교회의 정체성을 정립하기 위해서는 큰 틀 안에서 보편적인 교회의 속성과 본질에 대한 확신이 선행되어야 한다.

1) 교회의 속성

(1) 통일성

내적이고 영적인 교회의 통일성이 이루어졌다면 외적인 통일성도 이루어져야 한다.[36] 선교적 교회론의 관점에서 볼 때 교회의 통일성은 선교적 교회의 필요와 상황을 새롭게 인식시켜 주는 데 더욱 힘을 실어주고 있다. 성경은 무형교회의 하나 됨을 단언할 뿐만 아니라 유형교회의 통일성을 의미한다. 고린도전서 12장 12-31절의 몸의 비유는 이런 통일성을 내포한다.[37]

(2) 거룩성

교회는 진정한 의미에서 성도들의 공동체이며 무엇보다 속사람의 거룩함이다. 그러나 이 거룩함은 외적인 삶에서도 표현되어야 한다.[38] 교회가 거룩한 것은 거룩한 그리스도의 몸이요 거룩한 하나님의 백성이요 거룩한 성령이 임재하기 때문이다.[39] 이처럼 교회의 정체성 중에 교회의 거룩성 역시 선교적 교회에 대한 필요를 새롭게 인식하게 한다.

(3) 보편성

하나님의 보편적 관심은 "그의 나라와 그의 의"가 이루어지며 "뜻이 하늘에서 이룬 것 같이 땅에서도 이루어지는 데" 있다. 이런 하나님의 관심을 수행함으로써 교회는 보편성을 얻게 된다.[40] 이와 같은 교회의 보편성 역시 선교적 교회에 대한 필요를 새롭게 인식하게 한다.

(4) 사도성

사도적 교회는 자기 자신 안에 머무는 교회, 자기 자신으로 만족하는 교회가 아니다. 온 세계와 온 인류를 향하여 파송되는 교회요, 다른 교회들은 물론 다른 교파들과 함께 세계를 섬기는 교회이다. 이것은 에큐메니칼적인 성격을 지니고 있는 교회이기도 하다. 때문에 사도적 교회는 보편적일 수밖에 없다.[41] 이처럼 교회의 사도성 역시 선교적 교회의 필요는 물론 선교적 교회를 세우고 전환시키는 데 있어서 가장 강력한 근거를 제공하고 있다.

2) 교회의 두 가지 본질

선교적 교회를 이해하기 위한 첫 걸음은 교회의 본질, 그 정수(精髓)를 이해해야 한다. 성경은 교회를 세우신 분이 성령 하나님이신 것을 우리에게 말씀하고 있다(행 2:1-4). 성령은 교회에 인간성과 거룩함이라고 하는 두 가지 본성을 허락하셨다(고후 5:17; 엡 4:23-24). 아래의 표는 이것을 잘 나타내준다.[42]

교회의 두 가지 본질

교회		
거룩한 정체성	신성	신학적 (위로부터 보여짐)
인간적 정체성	역사성	사회학적 (아래로부터 보여짐)

모든 교회가 특정한 지리적 위치, 문화적 상황, 언어, 그리고 기독교 전통에 대한 신앙관을 가지고 있다. 이렇게 지역, 신앙 전통, 상용 언어, 문화적 상황 같은 교회의 구제적인 부분들이 교회의 정체성에 영향을 미친다.

이것들이 교회의 이중적 본성 중에서 인간적 정체성에 해당하는 부분이다. 또한 교회의 건축양식, 재적 교인수, 예배 출석수, 예배양식, 예배횟수, 조직 구조 등과 같은 것도 교회의 인간적 정체성을 형성하는 요소들이다.

여기서 '교회가 어떻게 하면 교회가 갖는 인간적 정체성을 사용하여 목회사역을 강화시킬 수 있을까?'

이것을 가능하게 하기 위해서 교회는 교회의 거룩한 본성을 이해해야만 한다.[43]

지금까지의 지역교회의 정체성을 확립하기 위한 지역교회의 특성을 선교적 교회론과 관련하여 종합하면 다음과 같다.[44]

(1) 본성적으로 선교적이다

이것은 교회의 사도성을 반영하는 것으로, 지역교회는 자기 존재를 뛰어넘어 자신이 속한 지역사회 안으로 들어가는 것을 추구한다.

(2) 자신이 속한 지역사회 안에서 이중 언어자들이 되어야 한다

이것은 교회의 보편성(catholicity)을 반영하는 것으로 교회는 상황적이기 때문에 자신이 처한 특정 환경의 언어를 배울 책임이 있다.

(3) 본성적으로 관계적(connectional)이다

이것은 교회의 유일성(oneness)을 반영하는 것으로 이를 실현하기 위해 지역교회는 관계 형성, 상호 의사소통, 그리고 공동사역을 지원할 구조와 과정을 발전시켜야 한다.

미주

1 앨런 록스버러 & 스캇 보렌, 『선교적 교회 입문』, 26.
2 Ibid.
3 Ibid., 28-30.
4 에드 스테처 & 데이비드 푸트만, 『선교암호 해독하기』, 72.
5 Ibid., 72-73.
6 Ibid., 74.
7 Ibid., 74-75.
8 Ibid., 75-76.
9 Ibid., 76.
10 최동규, 「선교적 교회성장」, 창간호 (부천: 선교적교회성장네트워크, 2014), 34-35.
11 이형기, "포스트모더니즘과 선교," 「선교와 신학」 제12집 (2003), 15.
12 이문균, 『포스트모더니즘과 기독교신학』 (서울: 대한기독서회, 2000), 13-22.
13 이형기, 『모더니즘과 포스트모더니즘 그리고 기독교 신학』 (서울: 장신대세계선교훈련원, 2003), 48.
14 이형기, "포스트모더니즘과 선교," 14.
15 김운용, 『설교의 새로운 패러다임』 (서울: 장로회신학대학출판부, 2004), 33.
16 Ibid., 34.
17 김은배, "포스트모더니즘 시대의 청중을 위한 설교적 대응," 「학문과 기독교세계관」 제1권 (2010), 30.
18 대럴 구더, 『선교적 교회』, 72.
19 이문균, 85.
20 Ibid., 86-87.
21 이용일, "포스트모던 시대에 있어서 선교적 설교에 대한 연구" (협성대학교 대학원 석사학위논문, 2014), 45.
22 레슬리 뉴비긴, 『다원주의 사회에서의 복음』, 허성식 역 (서울: IVP, 1998), 1.
23 박만, 『최근 신학 연구』 (서울: 나눔사, 2002), 245.
24 스탠리 그렌츠, 『포스트모더니즘의 이해』, 김운용 역 (서울: 예배와설교아카데미, 2010), 82-85.
25 Alan J. Roxburgh and M. Scott Boren, *Introducing the Missional Church*, 72.
26 Ibid.
27 릭 로우즈 & 크레이그 밴 겔더, 『선교적 교회 만들기』, 32.
28 이상훈, "선교적 교회를 통한 목회 패러다임의 갱신." 「복음과 선교」 제20집(1989), 107.
29 최동규, 『새로운 패러다임의 교회성장』 (서울: 서로사랑, 2011), 25-144.
30 데이비드 보쉬, 『변화하고 있는 선교』, 김병길. 장훈태 역 (서울: CLC, 2010), 521.
31 Ibid., 547-750.
32 James E. Lesslie Newbigin은 그의 저서 *The Open Secret An Introduction to the Theology of Mission* (Grand Rapids : Eerdmans, 1978)에서 교회의 목적과 삼위일체의 관계를 설명하였다.
33 찰스 밴 엥겐, 『모이는 교회 흩어지는 교회』, 134.

34 릭 로우즈 & 크레이그 벤 겔더, 『선교적 교회 만들기』, 37-38.
35 Ibid., 38.
36 루이스 벌코프, 『조직신학 하』, 권수경. 이상원 역 (서울: 크리스챤다이제스트, 1992), 830.
37 신앙생활백과편찬위원회, 『교회란 어떻게 세워졌는가』 (서울: 성서교재간행사, 1992), 41.
38 루이스 벌코프, 『조직신학 하』, 832.
39 Ibid., 157-158.
40 Ibid., 274-275.
41 Ibid., 306.
42 릭 로우즈 & 크레이그 벤 겔더, 『선교적 교회 만들기』, 45.
43 Ibid., 46-47.
44 크레이그 밴 겔더, 『교회의 본질』, 256.

제 3 장
선교적 교회론의 기초

선교적 교회에 대한 오해와 함께 올바른 이해를 하지 못하게 하는 요인 중 하나는 선교적 교회를 말할 때 실천적인 요소들이 결여된 개념적 차원에 머물렀기 때문이다. 그리고 더 혼란스러운 것은 학자들의 신학적 입장에 따라 선교적 교회에 대한 개념들을 다양하게 표현하고 있기 때문이다.

이런 현상은 '하나님의 나라'(the kingdom of God) 또는 '하나님의 선교'(missio Dei)라는 개념이 폭넓고 다양한 의미로 사용되어 용어를 정확하게 정의하는 일과 무관하지 않다. 이런 이유 때문에 일반적으로 선교적 교회라는 개념이 전혀 새로운 것이 아니며 학자들이 시대의 흐름에 맞게 급조해 낸 유행과 같은 이론에 불과하다고 말하는 자들도 있다.

그러나 교회는 예배당이 아니라 하나님의 부르심과 보내심을 받은 사람들이다. 교회는 세상으로부터 불러냄을 받은 사람들이 하나님께 예배드리는 예배공동체이다. 또한 교회는 하나님의 부름을 받아 예배드린 그 사람들이 다시 세상으로 보냄을 받은 선교공동체이다. 그러므로 교회란 부름을 받은 예배공동체임과 동시에 보냄을 받은 선교공동체이다.[1] 결국 교회란 하나님의 부르심과 보내심을 받은 사람들의 공동체이다.

하나님의 부르심을 받은 예배공동체로서의 교회의 예배에는 두 가지 의미가 있다.

첫째, 경배(worship)로서 하나님께 완전히 엎드려 절하는 예배이다.

둘째, 봉사(service)로서 예배하는 사람들이 살아서 온 몸으로 하나님을 위하여 모든 것을 봉사하고 섬기는 예배이다.

즉 그리스도인이 하는 모든 일이 하나님께 드려지는 예배이기 때문에 우리의 일상생활이 거룩해야 한다(롬 12:1). 예배와 섬김은 별도로 구분되어 떨어져 있는 것이 아니라 예배(worship)를 드린 사람은 반드시 섬기는 삶이 따라와야 한다.[2] 하나님의 보내심(sending)을 받은 교회는 예수 그리스도의 십자가와 부활의 증인이 되어 하나님의 복음을 전파하는 선교적인 교회가 되어야 한다.

유럽 교회의 몰락 여파가 20세기 후반 미국교회에도 닥치게 되었고, 이에 위기를 느낀 미국교계는 1990년대에 GOCN을 결성하여 '선교적 교회'에 대한 논의를 본격화하였다.[3] 여기서 선교적 교회는 신학적 관점에서 교회가 본질적으로 선교적인 특성을 가지고 있다는 전제 아래 자신이 처한 지역공동체에서 선교적(missional)이라는 의미를 구현하려고 노력하는 교회를 의미하였다.

현재 이 운동들은 유럽과 북미에서 전개되고 있으며 그 영향에 힘입어 한국에서도 새로운 목회운동으로 발전해가고 있다.⁴ 이런 선교적 교회를 세우기 위해 신학적이고 목회적인 운동을 통한 분명한 개념이해와 실행에 옮겨야 하는 과제가 이 시대 위기에 처한 한국교회에 긴급하게 요구되고 있다.

그런데 이 선교운동들에 참여하는 부류는 주로 젊은 층이다. 기존의 선교개념과 교회 스타일에 익숙해진 기존 신자들은 그 의식을 선교적 교회로 전환하는 데 높은 장벽이 있는 것도 사실이다.⁵ 그러므로 더욱 더 하나님이 원하시는 선교적 교회가 무엇인지에 대하여, 다시 말해서 먼저 선교적 교회론에 대한 성경적이고 신학적인 근거를 찾아내는 노력이 있어야 한다.

1. 성경적 의미

교회라는 단어는 희랍어 에클레시아(*ecclesia*)의 일반적인 번역으로 아테네라는 도시에서 시민들 전체의 회합을 지칭하는 것으로 수세기 동안 사용되어 왔으며, 그 회합은 군주를 선출하고 정치적 결정들을 추인하며 사법 결정들에서 야기되는 탄원을 듣기 위해 함께 만나는 모임이었다.⁶

그러나 칠십인역(LXX)에서의 에클레시아라는 단어를 사용할 때는 히브리어 경전에 사람들의 모임을 뜻하는 가장 일반적인 두 단어 '에드하'(*ēdā*)와 '콰할'(*qāhal*)이 있다. 이 두 단어는 이스라엘이 하나님에 의해 부름 받은 민족이라는 것을 지칭하기 위해서 사용되고 있다. 그런데 칠십인 역에서는 '에드하'가 줄곧 '쉬나고게'로 번역되었는데, 이 말은 '함께 모으다'는 뜻이다. '콰할'은 창세기, 출애굽기, 레위기, 민수기, 예언서에서는 '쉬나고그'(συναγωγη)로 번역되어 있으나 신명기, 사사기, 느헤미야, 시편에서는 에클레시아로 번역되어 있다.[7]

요약하면 이 두 단어는 모두 회합과 모임의 의미를 가지고 있으며, 신약성경 전체 논증은 에클레시아란 부활하신 예수 그리스도의 공동체라는 것이다. 이것은 예수님의 활동 기간에 그것의 기초가 사도들 위에 놓였다는 것을 부정하는 것도 아니며, 또한 고대 이스라엘과 어떠한 연속성도 없음을 주장하는 것도 아니다.[8] 이는 의미상으로 에클레시아가 그리스도의 부활에 의한 전(全) 공동체이며 또한 구약성경의 이스라엘과도 연관성이 있는 것임을 알 수 있다.

교회를 묘사하기 위해 사용된 은유들을 통하여 교회의 본질과 기능, 관계, 그리고 지위를 나타내기 위하여 사용한 상징들은 다양한데, 구체적으로 말하자면 새 사람(엡 2:14-15), 그리스도의 몸(엡 1:22-23; 고전 12:27), 하나님의 성전(엡 2:21-22; 고전 3:9; 16:1; 딤전 3:15; 벧전 2:5), 왕 같은 제사장(벧전 2:5, 9; 계 1:6, 5:10), 그리스도의 신부(고후 11:2; 마 25:6), 하나님의 권속(엡 2:19), 하나님의 양 무리(창 10:1-29; 벧전 5:3-4; 히 13:20; 행 20:28)[9] 등이다.

이와 같이 선교적 교회의 개념적인 뿌리를 찾고자 할 때, 성경적 의미를 기초로 한 '하나님의 백성과 그리스도의 몸, 성령의 전'으로 삼위일체적인 교회의 모습을 통해 교회의 본질을 찾아낸 후 선교적 교회를 이해하고 세워야 한다.

1) 하나님의 백성이라는 관점이다

교회는 하나님의 부름을 받은 하나님의 백성이며 선택받은 백성이다. 구약성경에서 '백성'으로 사용할 때는 이방인, 이교도, 국가, 백성의 뜻으로 광범위하게 사용되었다. 어떤 종교적인 혹은 윤리적인 의미가 없이 정치적, 종족적 또는 지역적 그룹으로서의 백성을 뜻한다. 출애굽기 3장 10절에서 이스라엘을 '내 백성'이라고 부를 때 이 표현을 사용[10]한 것처럼, 성경은 그리스도 안에서 부름 받은 하나님의 백성을 교회라고 정의한다.

신약에서 베드로는 교회를 '택하신 족속,' '왕 같은 제사장,' '거룩한 나라,' '하나님의 소유된 백성'(벧전 2:9)으로 정의한다. 그 다음에 교회의 정체성, 사명, 사역과 책임이 무엇인가를 밝히고 있다. 제사장의 어원적 단어는 모든 신자의 임무를 묘사하기 위하여 사용되며, 거룩한 나라는 그들을 부르신 하나님의 성품을 반영하라는 소명을 받은 백성이다.[11] 이처럼 교회의 시작은 하나님의 백성으로의 부르심이라는 개념에서 출발하고 있다.

2) 그리스도의 몸이라는 관점이다

그리스도가 교회의 머리되심은 만물을 다스리시는 그리스도의 대권을 나타내며, 그리스도는 교회의 왕이시며 그에 의해서 교회는 총괄된다. 이런 점에서 교회의 통일성은 외면적인 것보다 내면적이고 영적인 특성으로 모든 신자가 회원인 예수 그리스도의 신비적인 몸의 통일성이다.[12] 성경(롬 12:3-5; 고전 12:27; 엡 1:23; 골 1:18)에서도 교회를 그리스도의 몸으로 정의하고 있는데, 특히 바울은 "교회는 그의 몸이니 만물 안에서 만물을 충만케 하시는 자의 충만이니라"(엡 1:23), 그리고 "너희는 그리스도의 몸이요 지체의 각 부분이라"(고전 12:27)고 증거한다.

그리스도의 몸인 교회는 각 교회의 지체들이 예수님께 받은 서로 다른 은사들을 사용함으로 온전한 그리스도의 몸을 세우고 있다(고전 12:24-25). 교회는 각 지체들이 교회의 모든 사역에서 중요한 역할을 감당해야만 하는 사실을 발견하게 하는 표현이다(엡 4:11-12).[13] 신약에서 교회에 대해 사용한 '그리스도의 몸'이라는 표현은 교회의 모든 회원들 간의 상호의존적인 관계를 강조한다. 동시에 '몸'이라는 은유는 구체적이고, 실질적이며, 그리고 복음의 증거자로서 세계 속에 있는 교회의 가시적인 존재임을 드러내면서, 체계, 지속성, 그리고 인식 가능한 기능들을 가진 조직으로 존재한다.[14] 이처럼 예수님을 믿어 성령을 받은 자들은 한 몸을 이루며 이 몸을 통해서 유기적인 관계 속에서 사명을 감당한다.

3) 성령의 전이라는 관점이다

성경은 교회를 성령의 전으로 표현한다(엡2:21; 고전 3:16; 6:19). 에베소서 2장 21-22절에서는 신자들이 서로 연합하여 "주 예수 안에서 성전"이 되어가고 있다고 가르친다. 또한 "하나님의 성령으로 거하실 집"으로 함께 지어져 간다고 하였다. 그리고 모든 그리스도인들이 육체대로 살지 않고 성령을 쫓아 사는 성령의 사람으로 묘사하고 있다. 바울도 믿는 자는 누구나 성령으로 세례를 받아 한 몸이 되었다고 강조하였으며 동시에 성령 세례에 의하여 믿는 자들이 그리스도와 한 몸으로 연합해야 한다고 했다.[15] 이런 성령의 역사는 교회가 교회되게 하는데 근본적인 생명력을 불어 넣어준다.

2. 신학적 근거

선교적 교회를 말할 때 신학을 필요로 하는 이유는 선교적이라는 것이 하나님에 관한 것이지 교회에 관한 것이 아니기 때문이다.[16] 성경적 배경과 함께 신학적 배경이 정리된다면 선교적 교회론의 기초를 더 든든히 세울 수 있다.

여기서는 덜레스(Avery Dulles)와 페티슨(E. Mansell Pattison)의 유기체적 교회론, 콜린 윌리암스(Colin W. Williams)의 상황을 해석하는 사건으로서의 교회론, 몰트만(Jürgen Moltmann)의 삼위일체적인 역동적 교회론에서의 배경을 제시하면서 교회에 대한 신학적인 공통의 주장들을 소개하고자 한다.

1) 유기체적 교회론이다

신학적 교회론에 오래된 전통과 역사를 지닌 유기적 교회론은 로마 가톨릭 교회의 공식적, 비공식적 교회론과 가장 밀접한 관계가 있다. 그리스도가 하나님에 의하여 보냄을 받은 것처럼 사도들은 그리스도에 의하여 보냄을 받았다. 계속해서 복음 전파와 감독과 집사들을 세우도록 보냄을 받았다는 해석에서 사도적 계승권의 기초가 놓여졌다.

이런 유기적 교회론을 잘 드러낸 신학자는 덜레스이다. 그는 교회란 상황과의 상호 작용의 변증법적 역동성 사이에서 하나님의 인도하심으로 생겨난 하나의 생명체요 '신비'라고 강조면서, 교회는 하나님과 연관된 하나의 신비로 이해한다. 여기에는 하나님의 교회 내에 현존이 강조되고 있고 이런 하나님의 현존과 역사하심이 교회의 신비를 나타내 준다. 그리고 교회의 모델들은 신비스러운 것인데 그 모델들을 생성시키고 그것들에게 생명을 불어 넣어 주는 하나님의 은총의 경험에 비추어서 이해되어야 함을 강조한다.[17]

또한 패티슨은 교회를 하나의 '생명체 구조'로 이해하였다.

> 이 구조들은 인간들처럼 각기 기질과 형태 그리고 성격이 다르기 때문에 완전한 사람이 없는 것처럼 완전한 조직도 없다. 그리고 그대로의 모습을 존중해야하며 될 수 없는 어떤 것을 요구해서는 안 된다.[18]

이 구조는 정적인 것이 아니라 역동적인 것으로서 한 부분이 변하려면 다른 부분도 함께 변해야 하며, 이 살아있는 교회 구조는 하나의 전체성을 이루며 개방적 공동작용을 한다. 전체를 이루는 각 부분들은 함께 작용하면서 서로 다른 것을 강화시키기도 하고 서로를 수정하기도 하며, 그 자신의 방향성을 가지고 진행하면서 동질성을 갖는데 집단의 가치는 구성원들에 의하여 공유된다.[19]

이처럼 신비로서의 교회를 강조한 덜레스와 생체구조로서의 교회 개념을 강조한 패티슨은 교회가 단순한 제도적 기관이 아님을 알려주고 있다. 또한 교회론의 한쪽 면만을 강조하는 것이 아니라 교회가 시대와 상황에 맞게 다양한 모습으로 자신을 변화시켜 나가야 한다는 통찰력을 제공해 주고 있다.

그러나 이런 유기체적 교회론의 장점에도 불구하고 세상의 역사를 주관하시는 하나님의 역사에 대응하기에는 다소 부족한 점이 있다. 그러므로 신앙적이고 역동적인 교회의 모습을 보여주면서 동시에 사회 변혁에 적극적으로 참여할 수 있는 교회론이 요구된다. 단순히 현재 교회공동체의 유지에만 관심을 가지게 되면 종말론적 역사관이 약화될 가능성이 있다.

2) 상황적 교회론이다

콜린 윌리암스(Colin W. Williams)는 상황의 중요성을 부각시킨 교회론을 주장한다. 그는 포스트모더니즘과 다원화된 현대사회 속에서 교회는 종의 모습으로 역할을 감당해야 하며 신학은 기능적인 성격을 가져야 함을 강조한다. 나아가 교회는 이미 완전하고 실현된 실체로 생각해서는 안 되며 역사 안에서 사람들을 통해서 성취되고 있는 계속적인 사건으로 보아야 한다는 것이다.[20] 이와 같이 사건으로서의 교회는 그리스도의 도구가 되어야 할 뿐만 아니라 세계와의 관계 속에서 겸손하면서도 동적이고 동시에 세속적이어야 한다. 이것이 '하나님-세계-교회'의 관계에서의 교회의 모습이다.

교회는 어떻게 하면 세속 사회와 거부감 없이 만날 수 있는가?

먼저 움직여야 할 존재는 세상이 아니라 교회이다. 윌리암스는 '듣는 교회'를 말하면서 교회는 세상에 대해서는 죽고 하나님에 대하여는 살아야 한다고 말한다. 그리고 이 죽음과 새로운 탄생은 은총의 선물인 회심을 통해서만 가능하며, 그것이 바로 교회가 사건이지 체제가 아니라는 점을 강조한다.[21] 이런 의미에서 "교회는 매일 매일 그리스도가 일으키는 사건이요, 돌발사(happening)이며, 교회는 날마다 새로워질 때 비로소 참된 교회가 된다."[22] 이처럼 교회는 스스로의 만족을 위한 정적인 모습보다는 살아 움직이는 동적인 모습으로 존재해야 한다.

3) 삼위일체론적 교회론이다

더글라스 믹스(M. Douglas Meeks)는 몰트만의 실천신학에 대한 공헌은 실천신학을 삼위일체적 맥락 안에 두었기 때문이라고 한다.[23] 몰트만은 신학과 교회, 실천 사이의 흩어져 있는 것들을 하나로 연결한다. 그의 교회론은 하나님의 삼위일체 안에서 디아코니아와 함께 케리그마와 코이노니아의 요소가 균형 있게 자리 잡은 교회를 말한다.[24] 하워드 스나이더(Harword Snyder)도 교회는 삼위일체적으로 예배하는 공동체이기에, 하나님의 은혜에 대한 응답으로 하나님께 대한 사명을 실천하고, 성령에 의하여 세상 가운데 선교로 나아가야 함을 주장한다.[25]

이런 풍부하고 심오한 실재를 소유하고 있는 교회는 선교적이고 대항 문화적이며 언약적이고 삼위일체적이다.[26] 여기서 스나이더가 강조하는 것은 교회는 본질적으로 선교와 운동의 공동체이며, 이것은 삼위일체로서 하나님의 본성과 그분이 자신을 세상에 보이시는 방식으로 인해 나타나야 한다는 것이다.

본질적으로 선교적 교회는 하나님의 창조의 청지기직, 제자도, 만인제사장직을 통해 그리스도의 몸인 교회공동체를 세워 나가며 화해의 사신으로서 세상을 섬겨야 한다.[27] 이와 같이 교회는 세상으로 보냄을 받을 때 부름과 보냄이라는 과정을 통해 하나님의 백성들의 공동체로 '형성되고 재형성' 되어야 한다.

3. 교회의 특징

선교적 교회론의 특성들은 '성경적, 역사적, 현장적, 실천적'이다.[28] 이런 선교적 교회의 특징들에 기초하여 실제 목회현장에서 실천하고자 할 때 교회를 '선교하는 교회'와 '선교적 교회'를 비교하는 방법이 사용되고 있다. 선교적 교회에 대한 특징을 이해하려면 아래의 표가 유용한 도구가 될 것이다.[29]

선교하는 교회와 선교적 교회 비교

구분	선교하는 교회	선교적 교회
초점	파송, 후원, 단기선교	교회 본질로서의 선교
주안점	선교사업, 선교프로그램	선교적 삶
선교지(대상)	해외	해외와 지역사회
강조점	개인구원. 회심	공적 제자도
지향점	개교회 성장	존재하는 교회론
실천방법론	권위주의 방식	성육신적인 방식
획일성	다양성	모자이크
인간 중심	교회 중심	하나님 중심
선교대명령	대계명	하나님의 선교

위의 표에 근거하여 몇 가지 질문을 제기할 수 있다. '선교적 교회는 어떤 교회를 말하는지, 선교적 교회에 대한 목회적 특징은 무엇인지, 선교적 교회의 삶의 특징들은 무엇인지, 선교적 교회의 신학적 특징들은 무엇인지' 등이다. 이런 질문에 대한 응답을 기준으로 선교적 교회의 핵심적인 요소이자 특징들을 세 가지로 제시하였다.

1) 세상을 향한 사도성

사도적이라는 것은 보냄을 받는다는 의미이며 보냄의 현장은 세상이다. 때문에 선교적 교회는 세상에 대해 하나님의 통치를 대신하여 보냄을 받은 사도적인 성격을 가진다. 그러나 선교적 교회는 세상 속에 있지만 세상의 것이 아닌 존재이다. 그것은 교회가 지리적, 문화적으로 세상 속에 있지만 결코 세상의 것 즉 세상이 가지는 동일한 가치, 동일한 태도 혹은 동일한 충성심을 갖고 있지 않음을 의미한다.[30]

사도성은 요한복음 20장 21절과 에베소서 2장 20절에 근거한 교회의 본질이다.

> 예수께서 또 가라사대 너희에게 평강이 있을지어다. 아버지께서 나를 보내신 것같이 나도 너희를 보내노라(요 20:21).

> 너희는 사도들과 선지자들의 터 위에 세우심을 입은 자라 그리스도 예수께서 친히 모퉁이돌이 되셨느니라(엡 2:20).

이것은 교회가 사도의 터 위에 세워졌다는 개념이며, 사도는 교회의 시작이요 영원한 터전이기에 사도의 터 위에 세워지지 않은 것은 더 이상 교회라고 말할 수 없다.

아무리 거룩하다고 해도 사도성이 결여된 거룩이라면 그것은 성경적인 교회의 본질이 될 수 없다. 예수님과 우리는 직접 만날 수 없으며 매개자는 사도들이다. 이에 대하여 쉴링크(M. Basilea Schilink)는 말하기를 "사도적인 증언 없이는 그리스도가 감추어져 있을 것이며, 다만 이런 사도적 증언의 토대에서만 그리스도는 실제로 인식된다."고 하였다.[31] 여기서 세상을 향한 사도성에는 다음과 같은 몇 가지 개념이 포함되어 있다.

(1) 선교공동체이다

하나님의 대안공동체인 선교적 교회의 주요 이미지들은 '세상의 소금, 세상의 빛, 산 위에 있는 동네'로서 하나님의 백성공동체이다. 이런 이미지들은 선교는 단지 교회가 무엇을 하느냐가 아니라 바로 교회가 무엇인지라고 제안한다.[32] 이처럼 교회는 존재 자체와 행위의 모습들이 드러날 때만이 하나님의 통치의 특성을 다른 사람들에게 보여줄 수 있는 선교공동체가 되는 것이다.

(2) 하나님의 나라이다

선교적 교회론은 하나님의 구속적 통치를 의미하는 하나님 나라의 개념에 기초한다. 지리적, 장소적으로 제한되지 않는 하나님 나라는 단지 하나님의 주권과 통치가 드러나는 곳에서 포착될 수 있는 개념이다. 하나님의 구속적 통치는 교회의 본질과 사역과 조직을 구명하는 기초가 되기 때문에,³³ 교회를 이해하려면 하나님의 나라를 이해하는 것으로부터 시작해야 한다. 하워드 스나이더는 "교단의 숫자적 성장은 그 교단이 내적 공동체의 삶, 예배, 세상에서의 증언을 통해 복음에 대한 신실성을 드러내지 않는 한 하나님의 나라를 촉진하지 않는다."³⁴고 왜곡된 교회성장을 비판한다. 이처럼 하나님 나라의 핵심은 타락한 창조세계의 관계를 회복하는 데 있으며 이것이 선교의 내용이며 선교적 교회의 사명이다.

(3) 하나님의 선교이다

이 개념은 교회성장이 인위적인 조작적 산물이 되지 않도록 통제하는 역할을 한다. 인간의 욕심과 죄성에서 야기된 그릇된 성공주의적 교회성장의 개념을 철폐하고 선교가 하나님의 본성 자체로부터 도출된 것임을 강조한다. 뿐만 아니라 하나님 자신이 직접 선교의 동기와 수단과 목표가 된다.³⁵ 올란도 코스타스(Orlando E. Costas)가 "교회성장이 하나님의 선교의 한 표징"³⁶이라고 지적한 것처럼 철저하게 하나님의 선교적 의지에 복종하는 것이 되어야 한다.

(4) 공적 제자도이다

교회의 역할은 개인을 제자가 되도록 하는 것으로 끝나서는 안 된다. 더 나아가 하나님의 나라에 관한 메시지 즉 그분의 통치에 충실하기 위해서 교회는 공적 진리에 대한 우위권을 되찾아야 한다.³⁷

지금까지 기독교의 복음은 사적이고 개인적인 영역에 갇혀 있었다. 그러나 교회공동체는 바로 삶의 세계 한 가운데에 존재하고 있다. 때문에 교회는 단지 개인적이고 사적인 영역에 국한하지 않고 삶의 세계 중심부로 파고들어 사회변혁의 주도자 및 그 원천으로서 복음의 능력을 드러내야 한다.

2) 성육신적 교회

모든 사람이 하나님의 은총을 받고 있으며 지금도 주님의 마음과 눈이 그 사람들을 주시하고 있다. 이 사고를 망각하면 하나님의 생활양식인 성육신의 삶을 실천할 수가 없으며, 인간의 영혼구원을 위한 사역은 불가능하게 된다. 하나님의 소원은 영혼구원을 통한 하나님 나라의 확장이다. 주기도문에서 '뜻이 하늘에서 이루어진 것처럼 땅에서도 이루어지게 하소서'처럼, 하나님의 뜻인 영혼구원이 이 땅에서 성취되어지는 것이 하나님의 비전이다. 바로 이것을 완성하시기 위하여 하나님이 사람이 되어 사람들 가운데 성육신하신 것이다.

복음주의적인 관점에서 볼 때, 하나님의 뜻, 소원, 비전은 곧 '성령 충만'을 의미한다. 초대교회 때 성령이 충만한 사람과 지역 사람들에게 칭찬을 들었던 사람은 구분되지 않았다. 이것은 성령 충만과 성육신적인 성결한 삶과 정비례하며 서로 구분되지 않음을 보여준다. 성령 충만의 본래 의미는 '순수한 사랑'이다. 비록 혈연관계나 이해관계가 전혀 없는 타인일지라도 하나님이 인간을 사랑하시는 하나님의 마음으로 사랑을 실천하는 삶을 사는 것이 가능하다.

또한 성결이 거룩한 삶인 것에 대하여 성경의 기록이다.

> 내가 거룩하니 너희도 거룩하라(레 11:44).

> 하나님의 뜻은 이것이니 너희의 거룩함이라(살전 4:3, 7).

> 너희는 모든 행실에 거룩한 자가 되라(벧전 1:15-16).

이러한 말씀처럼 성결은 하나님의 뜻이며 명령이고 소원이다.[38] 바로 이런 하나님의 비전을 성취하시기 위하여 하나님은 친히 이 땅에 오셨으며 성령을 보내셨고 교회를 세우셨다. 성육신적이 된다는 의미는 세상 속에서 선교적 과업 전체를 보게 되는 신학적인 프리즘이기 때문에 성육신 교리는 기독교의 근본적인 교리이다.[39] 프로스트와 허쉬는 성육신의 신학적인 의미를 다음과 같이 강조한다.

> 동일시(identification): 전체 인류와의 심오한 동일시의 행동을 포함한다.
> 지역성(locality): 신적 사랑이 공간에 거하시고 이름을 취하셨다.
> 함께 하시는 초월자(the Beyond-in-the-mist): 하나님은 우리 위에 계시며 우리와 하나가 되셨다.
> 인간의 형상을 지닌 하나님(the Human image of God): 하나님과 그리스도는 같은 분이다.[40]

존 스토트(John Stott)는 전통적인 네 가지 표지 가운데 두 가지 곧 거룩성과 사도성을 전형적인 표지로 인정한다. 그리고 교회가 그 두 가지에 근거하여 이중 정체성(double identity)을 가지고 있는 공동체임을 강조하는데, 이때 이중 정체성이란 "교회는 하나님을 예배하도록 부름 받았을 뿐 아니라 증거하고 섬기도록 세상으로 다시 보냄 받은 한 백성"[41]임을 의미한다. 여기서 이 두 정체성은 상호보완적인 관계에 있으며 교회는 거룩한 동시에 세속성을 구현하는 공동체가 되어야 함을 보여준다. 성육신적인 선교적 교회를 분명하게 나타내기 위하여 크리스텐덤과 교회성장형을 비교하면 분명하게 이해할 수 있다.[42]

크리스텐덤 교회와 성육신적 교회

구 분	크리스텐덤과 교회성장형	성육신적 - 선교적 교회
선교의 양식과 추진력	내부 지향적 (끌어모으기)	외부 지향적(보내기)
소그룹과 전도	사람들을 교회로 데려오기 위해 존재	유기적 신앙공동체를 만들기 위해 존재
그리스도인의 위치	중심에 몰려 있음	상황 속으로 퍼짐
선교의 범위	직접적인 영향권에 있는 아웃리치에 적절	모든 형태의 선교에 적절

위의 표와 같이 '선교의 양식과 추진력'에서 마이클 프로스트와 앨런 허쉬는 크리스텐덤 모드의 교회는 매력을 끄는 데(attractional) 교회의 초점이 있다고 강조하면서 교회의 내부를 잘 꾸며 놓으면 사람들이 찾아 올 것이라고 말한다. 때문에 프로그램과 환경, 음악, 예배, 주차장, 분위기 조성을 위해 관심을 가지고 모이게 하는 데에 집중한다. 그러나 교회 밖 세상에 나가지는 않는다.

또한 앨런 허쉬는 성육신적인 교회의 특징을 구별하는 일에 있어서 다음과 같이 성장모델과 재생산모델로 구분한다.[43]

성장모델과 성육신적인 재생산모델

끄집어 냄/한 회심자/ "성장"모델	성육신적/ 재생산모델
교회문화	선교문화
우선적 초점	우선적 초점
개인 회심자들	그룹의 회심(예: 가족, 관계망)
신자들의 영역(예: 교회 예배)	불신자들의 영역
기독교인을 찾아 예배에 오게 함	평화의 사람을 찾음
교회에서 시작	가정에서 시작
큰 모임 - 예배	작은 모임 - 셀 교제
성경을 정보로 가르침	성경은 적용을 위해 가르침
프로그램을 만들고 건물을 세움	리더들을 세움

위의 표처럼 성육신적 교회 활동은 '진정한 연결, 진정한 보여줌, 진정한 다가감, 진정한 만남'이다.[44] 바로 이런 모습이 낮아짐과 내려놓음을 통한 성육신적인 섬김의 영성이다. 결국 선교적 삶의 실천을 위해서는 예수님이 십자가의 자리까지 내려가시고 낮아진 것과 같은 태도와 모습이 바탕이 되어야 한다.

3) 메시아적 영성

메시아적인 영성은 한마디로 모든 삶의 초점을 예수님께 맞추는 행위이다. 삶의 모델로서의 예수님의 성육신적인 사역은 하나님의 특별한 사랑을 보여주면서 어떻게 하나님이 우리의 삶을 만지셨는지를 보여주고 있다. 예수님의 삶과 가르침에 익숙해져야만 우리가 삶의 현장에서 충실하게 육화하는 일을 기대할 수가 있다.

여기서 메시야적 영성은 크리스텐덤 교회가 가지고 있는 DNA 방식인 끌어 모으기 식, 이원론적, 계층적이라는 잘못된 문제를 해결하는 방안이 된다.[45] 교회 안에서의 영성이 아니라 세상에서의 영성, 예수님이 세상을 구원하시기 위해 이 땅에서 보여주셨던 사역과 삶에 나타난 그 메시아적인 영성이 필요하다. 그분의 제2의 성육신하신 몸인 교회는 그러한 '메시아적 정체성'을 가지고 세상의 유일한 희망으로서 세상의 '메시아'가 되어야 한다. 이런 의미에서 교회의 존재와 활동은 모두 구속적이어야 한다. 선교적 교회는 구속적인 케리그마 메시지를 그 안에 가지고 있는 종교적 기관이 아니라, 교회의 존재 양식이 케리그마적이고 구속적이고 세상의 소망이어야 한다.[46]

최근에 선교적 교회론을 주장하는 학자들 가운데 흩어지는 교회의 개념을 지나치게 강조한 나머지 모이는 교회의 특성을 무시하는 사람들이 있다. 그러나 록스버그와 보렌은 세상으로부터 사람들을 뽑아내 교회에 소속시키는 데 초점을 맞추는 '끌어 모으는 교회'(the attractional Church)의 개념보다는, 이것을 세상에서 성육신적 원리에 기초하여 살아가는 선교적 교회와 대립시킨다.[47] 이 시대는 무엇이 참된 교회의 모습이며 어떻게 사는 것이 그리스도인의 삶인지 그 대안적인 비전을 꿈꾸는 진정한 메시아적 영성을 새롭게 드러내야 할 때이다.

선교적-성육신적-메시아적-사도적 방식[48]

하나님과 교회	선교적 의식이 없는 영성/ 추상적으로 드려지는 예배 추상적으로 행해지는 신학
교회와 세상	테크닉 위주의 신앙/ 종교성/ 도덕주의와 율법주의
하나님과 세상	선제적이고 일반적인 은혜/ 종교+뉴에이지
하나님과 세상과 교회	성육신적인 참여/ 선교적 제자도/ 메시아적 영성 미개척 영역에 있는 교회

위의 표에서 처럼 '하나님과 세상과 교회'가 조화를 이룰 때, 비로소 거기서 선교적이고 성육신적이며 메시아적 영성을 지니게 된다. 그리하여 예수님의 사역을 세상으로 확장하는 방식으로 행동하는 교회를 세워갈 수가 있다. 나아가 메시아적 영성을 가지고 살아가는 자들은 하나님의 동역자 의식을 가져야 한다. 예수님은 잃어버린 자들, 깨어진 자들, 소외자들, 가난한 자들, 창녀들, 이방인들, 죄인들을 비롯한 모든 주변 사람들을 편견 없이 사랑하셨다. 그리고 하나님을 만난 그들도 나가서 하나님을 만나게 하는 역할을 하도록 하는 하나님의 동역자가 되게 하였다.[49]

지금까지 선교적 교회의 특징이 메시아적 영성에 있음을 논하였다. 그러나 단순히 이원론적인 영성을 극복하기 위한 대안으로서의 메시아적 영성을 강조하는 것은 매우 위험하며 삼위일체적 영성으로 보완될 필요가 있다.[50]

왜냐하면 이원론을 극복하기 위한 대안으로 일원론에 빠지게 되면 또 다른 극단에서 이슬람의 일신론이나 동양의 전체론적 관점처럼 통제적이거나 모호한 영성으로 변질될 수 있기 때문이다. 이런 관점에서 이원론과 일원론의 한계를 극복할 수 있는 유일한 대안은 삼위일체적 영성이다.

미주

1. 대럴 구더, 『선교적 교회』, 9.
2. Ibid., 9-10.
3. 정승현, 『하나님의 선교와 20세기 선교학자』 (인천: 주안대학원대학교 출판부, 2014), 123-125.
4. 최동규, "한국의 미래세대 그들은 누구인가?," (현대목회연구소, 2014), 74.
5. 최윤식, 『2020. 2040 한국교회 미래지도』 (서울: 생명의 말씀사, 2013), 183.
6. E. G. 제이, 『교회론의 역사』, 주재용 역 (서울: 대한기독교서회, 1986), 11-13.
7. Ibid., 14-15.
8. Ibid., 18.
9. 조지 피터스, 『선교성경신학』, 김성욱 역 (서울: 크리스챤 출판사, 2004), 213.
10. 이사무엘, 『평신도를 부른다』 (서울: 성광문화사, 1999), 49.
11. 브루스 윈터, 『IVP 성경주석- 고린도전서』 (서울: IVP, 2004). 733.
12. 김성욱, "교회와 사역," (서울: 총신대학교, 2010), 16.
13. 그가 어떤 사람은 사도로, 어떤 사람은 선지자로, 어떤 사람은 복음 전하는 자로, 어떤 사람은 목사와 교사로 삼으셨으니, 이는 성도를 온전하게 하여 봉사의 일을 하게 하며 그리스도의 몸을 세우려 하심이라.
14. 대럴 구더, 『선교적 교회』, 323.
15. 에드먼드 클라우니, 『교회』, 황영철 역 (서울: IVP, 1999), 65.
16. 앨런 록스버러, 스캇 보렌, 『선교적 교회 입문』, 119.
17. 애버리 덜레스, 『교회의 모델』, 김기철 역 (서울: 조명문화사, 1992), 202-203.
18. E Mansell Pattison, *Pastor and Parish-A Systems Approach* (Fortress Press, 1977), 7-8.
19. Ibid., 1-12.
20. 콜린 윌리암스, 『교회』, 18-21.
21. Ibid., 29-32.
22. Ibid., 48.
23. 런 연, 『몰트만과 실천신학』, 이기춘 역 (서울: 대한기독교출판사, 1983), 77-101.
24. Ibid.
25. 하워드 스나이더, 『교회 DNA』, 최형근 역 (서울: IVP, 2007), 89.
26. Ibid.
27. Ibid.
28. 대럴 구더, 『하나님의 선교』, 38-39.
29. 송기태, "선교하는 교회, 선교적 교회," 선교적 교회 시리즈34 『기독교연합신문』(2014.7).
30. 대럴 구더, 『선교적 교회』, 170.
31. 바실레아 쉴링크, 『묵상집』, 마리아자매회 역 (서울: 두란노서원, 1998), 87.
32. 대럴 구더, 『선교적 교회』, 194.
33. 최동규, "참된 교회의 성장을 위한 선교적 교회론의 기초." 「선교신학」 제23집(2011), 280-285.
34. Howard Snyder, *The Community of the King* (Downers Grove: Inter-Varsity, 1977), 118.
35. 최동규, "참된 교회의 성장을 위한 선교적 교회론의 기초." 290.

36 Orlando E. Costas, *Christ Outside the Gate: Mission beyond Christendom*, (Maryknoll: Orbis, 1982), 43.
37 L. Newbigin, *The Gospel in a Pluralist Society*, 357.
38 박훈용, 『성결을 말한다』 (전주: 전주성결교회, 2013), 163.
39 마이클 프로스트 & 앨런 허쉬, 『새로운 교회가 온다』, 74.
40 Ibid., 75-78.
41 존 스토트, 『살아 있는 교회』, 신현기 역 (서울: IVP, 2009), 61.
42 마이클 프로스트 & 앨런 허쉬, 『새로운 교회가 온다』, 85-88.
43 Ibid., 137-140.
44 Ibid., 142-143.
45 Ibid., 45-50.
46 신성주, "선교적 교회만이 살 길이다", 「KPM 해외선교」(서울세계선교위원회, 2011.10).35.
47 Alan J. Roxburgh and M. Scott Boren, *Introducing the Missional Church*, 17-20.
48 마이클 프로스트 & 앨런 허쉬, 『새로운 교회가 온다』, 289.
49 Ibid., 294-295.
50 지성근, "전통과 새로운 정신의 조화를 소망하며," 「Ivp 북뉴스」 (2009. 9), 4-5.

제 4 장
선교적 교회론의 발전

　선교적 교회론의 발전과정의 이해를 위해 대표 학자들의 주장들을 살펴 보고자 한다. 먼저 선교적 교회론은 인도 선교사이자 영국 선교학자였던 레슬리 뉴비긴의 선교신학에 영향을 받은 북미 신학자들을 중심으로 '복음과 우리 문화 네트워크'(GOCN)를 형성함으로써 시작되었다. 선교적 교회는 일종의 운동으로서 서구 사회와 기독교가 처한 위기의식에서 출발하였다.

　2000년 가까이 유지해 온 서구의 기독교 왕국은 합리주의적이고 개인주의적인 모더니즘과 진리를 상대화시키는 포스트모더니즘의 도전에 직면했다. 물질주의적이고 세속적인 경향을 넘어 이교도 형태로 변질되고 있는 실정이었다. 따라서 이런 위기를 직감하고 있는 GOCN 운동은 새로운 교회론의 정립을 추구하고 있다. 이 운동에 참여하고 있는 신학자들과 목회자들은 서구 특히 북미를 더 이상 선교를 주도하는 기독교의 중심이 아니라 복음에 의해 변화돼야 하는 선교현장으로 인식하게 되었다.[1]

오늘날 한국교회가 정체성을 규정하는 데 나타난 가장 큰 문제점은 '선교 부재의 교회론'을 주장한 것이었다. 이 말은 한국교회가 지금까지 선교사를 파송하지 않았다거나 후원하지 않았다는 의미가 아니다. 교회 자신을 삼위일체 하나님께서 파송하신 선교사로 간주하지 않았다는 뜻이다. 교회의 본질로서 선교를 생각할 여지가 없었다는 것이다.[2]

여기서 많은 학자들과 현장 목회자들조차도 혼동하고 있는 것이 바로 '선교적'(missional)이라는 용어의 개념이다. 이 용어의 분명한 의미를 파악하지 못할 때 오히려 가볍게 여기거나 이미 다 알고 있는 개념으로 착각을 하기 때문에 오히려 이들이 선교적 교회를 세우는 데 방해가 될 수 있다. 여기서 댄 킴볼의 '선교적'이라는 개념을 이해할 필요가 있다.

① 교회 자체가 선교 중심지가 된다는 것이며, 단지 선교를 담당하는 부서가 있다는 의미가 아니다. 또한 성도들은 자신을 지금 살고 있는 곳에서 선교를 감당하는 선교사로 인식하는 것이다.

② 우리 자신들이 이곳에 주님의 대리자들로 보내졌다는 것을 깨닫는 것이다.

③ 교회를 주일에만 가는 장소로 보지 않고 일주일 내내 함께 하는 곳으로 인식하는 것이다.

④ 우리 주님을 사람들에게 전하는 것에 그치는 것이 아니라 주님이 문화 속에서 일하시는 것이며, 우리는 그 일에 동참하는 것이다.

⑤ 세상 문화 속에서 관계하고 살아가고 있지만 세상과 타협하지 않는 태도를 갖는 것이다.

⑥ 세상의 공동체를 섬기고 그 안에 있는 사람들과 좋은 관계를 형성하는 것이지, 그들을 전도의 대상으로만 삼는 것이 아니다.

⑦ 기도와 말씀을 통하여 주님과 성령께 의지하는 것이고 공동체의 동역자들과 함께 사역하는 것이다.[3]

위에서 말한 댄 킴볼의 주장처럼 선교적 교회는 단지 선교 지향적인 교회나 선교 중심적인 교회나 선교를 많이 하는 교회를 말하는 것이 아니다. 교회가 무엇인지와 교회의 선교가 어떠해야 하는지에 대한 답이다. 때문에 선교적 교회론은 이 시대에 어떤 새로운 학설이 아니다. 이미 모두가 인정하고 있는 것을 새롭게 다시 회복하고자 하는 교회의 본질에 대한 새로운 답이다. 이 개념은 '교회가 무엇이고, 우리 시대에 하나님은 왜 교회를 여기에 보내셨는가'를 진지하게 묻는 것이 선교적 교회의 중심 논의이다.

여기서는 선교적 교회론의 발전과 형성과정에 여러 학자들이 있지만 유사한 내용들이 반복된다. 이에 중복내용들을 피하고 모든 선교적인 이론들을 특징지을 수 있는 레슬리 뉴비긴, 찰스 밴 엥겐, 크레이그 밴 겔더 세 사람의 이론을 논하고자 한다.

1. 레슬리 뉴비긴

뉴비긴의 선교적 교회론은 세 가지 관점에서 중요하다.

첫째, 선교의 문제를 선교 연구의 안건으로 가장 전면에 가져온 촉매자로서 사역을 했다.[4]

둘째, 그는 국제선교사협의회(IMC)와 세계교회협의회(WCC)의 세계선교와 전도위원회(CWME)에서 적극적이고 중요한 역할을 하였으며 그의 신학과 선교학, 그리고 교회론은 이런 초기 에큐메니칼 운동에 의해 형성되었다.[5]

셋째, 교회론에 관한 많은 저작들을 남기며 교회론적인 질문들에 관심을 기울여 왔다. 그의 선교적인 교회론은 에큐메니칼 운동 안에서의 사역과 서구 문화와 선교사의 만남을 위한 부르심에 기초를 두고 형성되고 발전되었다.[6]

뉴비긴의 전체 사상은 교회의 선교적 본질에 대한 것이다. 교회가 타문화권이나 타지역으로 선교사를 파송하는 주체가 아니라 이미 교회 그 자체가 세상으로 '파송된'(being sent) 기관이라는 사실을 강조하는 그의 교회론적 이해는 주목할 만 하다. 이런 배경과 사상 속에서 그의 교회론에서 선교적인 개념이 함축되어 있음을 발견할 수 있는 근거는 다음의 세 가지 교회론 때문이다.

1) 성경적 관점에서 본 교회론

(1) 부름 받은 회심공동체이다
교회는 하나님의 특별한 선택을 받은 사람들이 모인 공동체이며,[7]

예수님이 제자들에게 하신 "너희가 나를 택한 것이 아니라 내가 너희를 택하였노라"는 말씀은 처음부터 끝까지 성경에 있는 것과 맥락을 같이 한다.[8] 선택의 원리는 교회가 구원을 위한 하나님의 계획의 중심이 하나님의 부름 받은 자들의 실제적인 공동체이고, 그들을 통하여 하나님의 사랑이 전해지고, 모든 사람들이 하나의 화해된 교제로 함께 모인다는 것을 보여준다.[9]

뉴비긴은 하나님의 부르심과 보내심이라는 점을 기준으로 구약성경과 신약성경의 공통분모를 찾았다.[10] 아브라함을 부르실 때 이미 열방을 염두에 두고 계셨고 이스라엘 백성을 부르실 때도 가나안 땅에서 복된 생활을 누리는 것뿐만 아니라 그들을 통해 광대한 계획을 가지고 계셨던 것이다.

신약의 교회는 부름을 받았고 동시에 보냄을 받은 사람들의 공동체였다.

> 우리는 단지 우리 자신이 구원을 받기 위해 그리스도의 부르심을 받은 것이 아니라 그분의 구원 사역에 동참하는 동역자가 되도록 부름 받은 것이다.[11]

> 교회는 하나님의 뜻을 위해서 세상으로 나가기 원하는 사람들의 전람회가 되어야 한다.[12]

> 선택 교리의 선교적 특성을 망각할 경우, 즉 우리가 선택받은 것은 보냄 받기 위함이라는 사실을 잊을 경우, 신자가 '선택'에서 앞으로 나아가 그 목적(땅끝까지 가서 하나님의 대사요 중

인이 되는 것)을 탐구하기보다, 뒤로 물러나 하나님의 비밀스런 경륜에서 그 이유를 탐구하는 데 관심이 더 있는 경우, 또 선택의 목적이 세상의 구원이 아니라 자신의 구원만을 위한 것이라고 생각하는 경우에는, 하나님의 백성으로서 위탁받은 것을 저버리는 셈이다.[13]

선택의 출발점은 'Come'이라기보다는 'Go'가 되어야 하며[14] 교회를 부르신 목적은 보냄 받기 위함이며, 교회는 보내심을 받은 자들이 모여 있는 곳이기 때문에 반드시 선교적이어야 한다.

(2) 보냄 받은 종말공동체이다

완전하게 우리와 같이 인간이 되셔서 죄의 모든 짐을 지신 그리스도는 우리를 위해 죽음과 심판의 흑암 속으로 내려 가셨다. 그리고 부활하셔서 전적인 승리의 징표와 미래적 천국을 미리 맛보게 해 주셨다.[15] 이처럼 복음은 하나님의 나라에 관한 좋은 소식이고 그 나라는 종말론적이다. 그러므로 모든 그리스도인에게는 마지막 종말의 일에 관하여 바르게 이해하는 것이 필수적이다.

교회에는 임박한 역사의 종말을 추구하려는 유혹과 복음서에서 '하나님의 나라가 당장에 나타날 줄로 생각한'(눅 19:11) 사람들이 그런 유혹을 받은 사람들이 있다.[16] 교회는 두 가지 중 어느 한 쪽으로 치우치려는 유혹을 받는 경향이 있다. 그럼에도 불구하고 우선적으로 관심을 가져야 하는 것은 종말론적인 의식 속에서 살아가는 삶의 모습으로 나타나야 한다. 때문에 뉴비긴은 교회의 존립목적이 자체를 위한 것이 아니라 오직 하나님 나라의 도구로서 하나님의 선교사명을 감당할 때 지역교회의 정체성과 존재가치가 있음을 강조한다.

2) 성령이 일하시는 역동적 교회론

선교는 선교사나 선교단체 혹은 교회의 전략에 의해서 진행되는 것이 아니고 언제나 교회보다 앞서 가시면서 세상과 교회 모두를 변화시키는 성령에 의해 수행되는 것이며,[17] "성령이야 말로 선교의 여정에서 교회보다 앞서 가는 증인이다."[18] 그러므로 선교의 주체와 권한은 교회가 아니라 성령이시다.

뉴비긴은 하나님 나라에 대한 성령의 증거로 세 가지를 말한다.

첫째, 성령은 개개의 신자들에게 자유롭게 하는 은사, 선행, 그리고 교제를 가져오는 힘이다.[19]

둘째, 예수님의 하나님 나라 선교가 성령의 능력 안에서 수행되었으며, 그것은 또한 성령이 마지막 때를 위한 은사이고, 다가오는 시대의 능력이 현재 안으로 흘러 들어오는 것을 의미한다.[20]

셋째, 성령이 근본적인 증거이고 교회의 증거는 파생적이다. 선교는 무엇보다도 예수님에 의해 보내진 성령에 속하고 그 사역을 떠맡는 것이다.[21] 이와 같이 성령은 예수 그리스도에게 순종하는 교회공동체를 통하여 선교하게 하신다.

1940년대 말에 뉴비긴은 성령의 역사에 배타적인 영역이 교회라고 지적하였으며 교회 안에서만 국한되지 않는 성령의 역사를 강조하였다. 교회 안에서 성령의 역사와 세계 역사에서의 성령의 활동에 대한 관계가 빌링엔 대회, 뉴델리 대회, 멕시코 에큐메니칼 모임에서 도전했던 질문이다.[22]

3) 에큐메니칼 교회론(Ecumenical Ecclesiology)

뉴비긴은 선교현장 사역을 하면서 '교회 일치, 교회 연합'의 필요성을 절감하게 되었다. 그의 에큐메니칼 교회론은 지역교회(local church)에서 시작하여 보편적인 교회(universal church)로 나아가는 것이다.[23] 이처럼 그의 관심사는 다양성 안에 일치(unity in diversity)를 이루는 것이며, 세계선교와 교회의 일치는 현대 에큐메니칼운동의 쌍둥이이며 상호 활동적인 관심사이다. 그는 두 분야에 주도적인 역할을 하였으며 신학적으로 하나님의 화해의 복음 안에서 교회와 교회의 선교, 그리고 교회의 일치에 뿌리를 두고 있다.[24]

십자가는 역사적인 사건에 불과한 것이 아니고 전능하신 하나님의 행동으로서 모든 것을 포용한다. 인간들 사이에 가장 깊은 분열조차도 초월하고 모든 종류의 인간들이 함께 이끌리는 집단(body)이 창조되었다.[25] 이처럼 십자가에서 생긴 일치는 단순한 인내가 아니라 성령의 친교(communion)로서 마침내 그리스도인들은 더 심오한 통찰력으로 하나님의 형상이 회복된다.[26] 그는 예수님의 십자가를 통한 화해의 복음으로 인한 일치를 강조하였다.

교회는 예수 그리스도의 십자가 앞에서 항상 새로운 회개와 믿음의 역동적인 관계 안에서 살아가며, 교회의 일치, 계속성, 그리고 모든 영적인 은사들은 그것의 열매들이다.[27] 그는 교회가 예수 그리스도의 음성을 듣고 끊임없이 개혁하고 갱신하여 교회의 본질에 충실하고자 하는 몸부림이 있어야 한다고 강조한다."[28] 결국 뉴비긴에게 교회가 하나가 되어야 한다는 의미는 교회의 근원인 그리스도께 돌아가자고 요청하는 것이다.

나는 하나님의 교회가 "외향적이고, 가시적이고, 하나가 된 사회"가 되는 것이 하나님의 뜻임을 계속 고백하지 않을 수 없다. 그분이 요구하시는 연합은 "예수 그리스도를 주님과 구원자로 고백함으로써 세례를 받아 그분과 연합하게 되는 각 처소의 모든 사람이 성령에 의해 온전한 교제에 참여하게 된 것이고, 동시에 그들이 "모든 장소와 모든 시대에 걸친 완전한 기독교공동체에 연합되는 것"을 고백한다.[29]

각 지역교회는 잃어버린 영혼에게 복음을 온전히 전파하기 위해 나뉘어져 있지만, 궁극극적으로 그리스도 안에서 연합해야 하며, 이런 의미에서 뉴비긴의 교회연합은 정적이지 않고 동적이다. 핵심은 각 지역교회가 자신의 선교현장에서 선교의 책임을 깨닫고 이웃의 교회와 더 폭 넓은 선교적인 교회를 세워가기 위하여 연합하는 것이다.[30]

뉴비긴의 교회론은 교인 모두가 현재 자신들이 처해있는 삶의 현장이 곧 선교현장임을 깨닫는 것에서 출발한다. "선교의 시작이 우리의 활동에 있는 것이 아니라 새로운 실재의 현존, 곧 하나님의 영이 능력으로 임재 하는 데 있다는 것"[31]을 깨닫게 해야 함을 강조한다. 하나님께 부름 받은 개인이나 공동체인 교회는 모두가 세상에 보냄 받은 자의 의식을 가지고 있을 때 비로소 선교적인 행위를 할 수 있다.

2. 크레이그 밴 겔더

밴 겔더(Craig Van Gelder)는 '교회가 무엇을 하느냐'라는 관점과, '조직 - 구조적 관점' 이전에 선행되어야 하는 것이 '교회로서 존재하는 것'이 무엇인가를 근본적으로 재발견해야 한다고 말한다. 또한 교회는 구원의 목적을 드러내는 삶의 양식들에 관한 것이기 때문에 구원의 목적을 가지고 교회에 현존하시는 하나님과 긴밀한 관계를 유지해야 한다고 주장한다.[32] 이처럼 그는 교회의 사역과 조직을 논하기에 앞서서 교회의 본질을 먼저 고려해야 함을 강조한다.

또한 교회는 인간이 만들어 놓은 기업처럼 세상에 존재하는 것에 반하여 교회는 하나님께 부름 받은 구원의 백성들임과 동시에, 선교적 공동체로 살도록 성령에 의하여 세워진 하나님의 백성이다.[33] 교회의 본질에는 성령을 통한 세상에 현존하는 하나님의 인격임과 동시에 독특한 영적인 공동체이다. 그런데 인간의 행위는 하나님의 구원 사역 안에서 성령에 의해 능력을 얻는데, 이것이 바로 교회의 본질 속에 내재되어 있는 이원론적인 특성이라는 것이다.[34] 결국 교회는 하나의 사회적 조직이면서 동시에 영적인 공동체임을 의미한다.

그는 교회의 본질과 사역 그리고 조직에 대한 원론적인 재고를 위하여 두 가지의 신학 분야인 선교학과 교회론의 개념을 다음과 같이 설명한다.

> 선교학 분야는, 문화적으로 다른 상황 속에서 어떻게 복음을 선포하고 어떻게 교회를 성장시킬 것인지를 연구한다. 먼저는 선교학으로서 선교신학, 세계종교들, 타문화권 커뮤니케이션,

선교사 훈련, 선교 방법론, 교회개척, 전도 등이다. 이 모든 것들은 이 세상에서 활동하시는 하나님의 삼위일체적 선교적 관점을 통하여 세워진다.

교회론의 분야는, 교회의 본질과 사역과 조직의 관점에서 교회를 이해하는 일에 관심을 가진다. 교회론에서 취급하는 문제들은 교회의 성경적 기초와 신학적 기초, 교회론의 역사를 통한 교회관의 변화과정, 교회의 다양한 조직적 형식인 교회정책 등이다. 이 모든 것들은 이 세상에서 활동하시는 하나님의 구원 목적과 연관된다.[35]

이와 같이 선교학과 교회론의 두 신학 분야는 본질에 있어서는 공통점이 많이 있다. 그럼에도 불구하고 그동안 북미교회에서는 여러 가지 이유에서 서로 분리된 채로 발전한 것이 문제였다고 주장하면서, 교회와 선교는 다른 실체가 아니라 같은 실체임을 말하고 있다.[36] 이처럼 하나님의 선교적 성격은 종말의 활동을 통해 표현되는데, 하나님께서는 모든 피조물을 새로운 완전과 완성으로 인도하기 위하여 역사 속에서 일하신다는 것이다.

이 세상에 존재하는 하나님의 백성으로서의 교회는 본질적으로 선교적 교회라는 이해 속에서 선교는 교회의 기능 중의 하나가 아니다. 교회의 핵심적인 본질로 자리를 이동하므로 교회와 선교는 서로 다른 두 개의 실체가 아니다. 따라서 교회론과 선교학은 별도의 신학 영역이 되어서는 안 되며 상호 보충적이어야 한다.[37] 이것이 곧 '선교학적 교회론'(missionological ecclessiology)이다.[38] 나아가 선교적 사역을 적

절하게 실행하기 위해서는 다음의 5가지 규칙이 필요하다.[39]

① 교단적 충성심에서 공유된 비전으로 옮겨가야 한다.
② 전문적 사역자에서 선교적 목회자로 변화되어야 한다.
③ 행정적 의사 결정에서 참여적 계획으로 옮겨가야 한다.
④ 단일 셀에서 다중적 회중으로 변화되어야 한다.
⑤ 문화적 획일성에서 통일된 다양성으로 변화되어야 한다.

밴 겔더는 하나님에 관한 삼위일체적 이해를 교회와 관련하여 다음과 같은 질문들을 던진다.

① 교회의 본질적 실체가 어떻게 하나님의 존재와 연결되는가?
② 교회를 사회적 공동체로 이해하기 위한 기초로 신성의 사회적 실체는 어떤가?
③ 창조와 재창조 사역과 관련하여 삼위 하나님의 구체적인 역할이 무엇인가?[40]

이처럼 선교학적인 교회론의 핵심은 삼위일체 하나님이 창조와 재창조, 그리고 종말을 통한 마지막 성취를 위하여 성자 하나님을 보내심으로 하나님의 백성들을 선교적 백성으로 삼고자 한다. 그는 이와 같이 하나님의 본성에서 시작하여 교회의 선교적 본질이 규명되고 있으며, 교회의 본질은 성령을 통한 하나님의 임재에 근거하고 있다고 한다.[41] 바로 이것에 근거하여 교회의 사역이 나오고 있으며 이 사역에 따라 교회의 조직이 결정된다.

결국 선교적 교회론의 기본적 출발점은 하나님의 현존과 하나님의 존재에서 교회의 본질이 유추되어야 한다. 또한 교회의 본질에 따라서 교회의 사역과 삶이 정의되어야 하며 이 사역과 삶에 따라서 교회의 조직이 이루어져야 한다.[42] 그러나 현실적으로는 이 흐름이 역순으로 이루어지고 있다. 대부분의 교회들이 교회의 조직에 따라서 사역과 삶을 규정하고 그 사역과 삶에 따라서 교회를 정의하는 위험에 빠진다.

교회는 세상 속으로 보냄 받았다는 데 가치가 있으며, 그것이 사도적 교회의 핵심에 속한다. 교회가 본질적으로 선교적인 이유는, 하나님께서 성령을 통해 교회를 부르시고 창조하시고 보내셔서 세상에 하나님의 구속적 통치가 인간 역사에 개입했음을 알리는 사명을 다하게 하시기 때문이다.[43] 여기서 역사적인 교회관을 통해 교단 혹은 교회의 생성과 발전에 대한 과정을 살필 때, 선교학적 교회론을 폭 넓게 이해하고 발전시키는 데 도움이 될 것이다.

- 1기: 교회의 초기시대
- 2기: 종교개혁시대
- 3기: 자유교회운동
- 4기: 경건주의, 선교회, 근대선교운동
- 5기 A: 교단적, 조직적 교회
- 6기 B: 주변 소수교단으로의 교단[44]

밴 겔더의 선교적 교회론을 평가할 때 그는 교회의 본질과 사역과 조직적 생활에 적용하는 '선교학적 교회론'의 관점이 주된 주장이다. 결국 그는 교회의 본질과 사역과 조직의 상호관계를 파악하는 것이 선교학적 교회론의 핵심이라고 밝힌다. 더 중요한 것은 선교적 교회를 세우는 데 있어서 교회의 조직이 동반되어야 함을 주장하고 있다는 것이다. 이것은 선교적 교회를 세우기 위해서는 반드시 목회행정의 방법들이 적용되고 수반되어야 함을 강조하는 필자의 견해와 맥을 같이 한다.

또한 밴 겔더는 교회가 기능적이고 사회적인 공동체로서의 존재일 뿐만 아니라 성령께서 역동하시는 거룩한 공동체라는 교회만의 독특성에 대한 신학적 이해를 넓혀 주고 있다. 그리고 성경적 배경과 역사적 고찰을 통해 성령의 창조물인 교회가, 시대와 상황에 맞게 항상 발전하고 변화해 왔다는 사실을 통해 선교적 교회론의 중요성을 강조한다. 결국 그의 선교적 교회론은 타문화 선교의 원리와 방법을 지역교회 목회에 적용한 이론이라 할 수 있다. 그리고 본질적으로는 하나님의 선교(*missio Dei*) 개념에 뿌리를 두고 있다.

3. 찰스 밴 엥겐

밴 엥겐의 선교적 교회론의 출발은 세계에 흩어져 있는 지역교회를 새로운 관점에서 바라보는 데서 시작되며, 각 지역에 세워지는 교회들은 성장해야 하지만 동시에 선교하는 교회로서 성장해야 한다는 데 있다. 그는 학자들의 말을 인용하며 다음과 같이 교회의 선교적인 교회를 강조한다.

> 교회는 선교적이고 동시에 종말론적이라는 관점으로 보지 않

고는 이해할 수 없다(존 스토트).

교회 없는 선교는 선교하지 않는 교회처럼 괴물 같은 기형아일 뿐이다(레슬리 뉴비긴).[45]

밴 엥겐은 교회와 선교를 별개의 개념으로 구별해서는 안 되며 지역교회는 우주적 교회의 일부분이기 때문에 선교하고 있으며, 그의 선교적 본질을 생활화 해 나갈 때 지역교회는 우주적 교회로 세워진다고 말한다.[46] 교회 안에서 자신들을 선교하는 하나님의 백성으로 인식하는 사람들은 교회공동체를 인간 조직임과 동시에 하나님이 만드신 유기적 조직체임을 인식해야 한다. 그러므로 교회의 선교는 은사(gift)이며 동시에 일(task)이고 영적이면서도 사회적이다.[47] 그가 강조하는 '선교하는 교회의 모델'을 살펴보면 다음과 같다.

① 우리 교회에 대한 조직, 역사, 교회론적 본질(WHO?)
② 우리 교회의 선교가 이루어지는 사회적 상황(WHERE?)
③ 하나님의 선교적 백성인 우리 교회의 지역적 상황(WHAT and HOW LOCALLY?)
④ 세상 속에서 하나님의 선교적 백성인 우리 교회(WHAT and HOW GLOBALLY?)
⑤ 우리 교회에 대한 성경적, 신학적 동기(WHY?)[48]

또한 밴 엥겐은 바울이 에베소서에서 지역교회를 세상 안에서 선교 활동을 넓혀가며 계속적으로 성장하는 유기체로 보았다. 바울이 말하는 교회의 개념은 구약에 나타난 하나님의 백성의 개념과 상통한다. 또한 에베소서에서 바울이 사용하는 영상 단어(Word Images)는 성도, 몸, 무장한 군사, 신부, 하나님의 택함 받은 백성, 아들이나 가족, 건축자, 건물, 성전, 찬양의 노래, 제물, 새 사람, 사랑의 넓이, 길이, 높이와 깊이, 하나님을 닮아 가는 사람들, 그리스도의 왕국, 빛의 자녀, 지혜로운 사람, 대사들이다.[49] 이처럼 바울은 에베소서에서 지역교회의 선교적 본질에 대한 개념을 이해하였다.

또한 밴 엥겐은 이런 단어들이 교회의 본질을 이해하고 예로부터 내려오는 신앙고백인 '통일성, 성결성, 보편성'을 밝혀 주는 역할을 한다고 하였다.[50] 그는 통일성 안에서의 교회 선교, 성결성 안에서의 교회 선교, 모두에게 하는 선교를 말하였다.[51] 또한 역사적인 관점에서 볼 때 지역교회의 모습을 비추는 과정에서 초대교회 당시 바울이 세웠던 교회는 통일성, 성결성, 보편성을 갖는 교회였다. 이후 그 후세대들에 의해 교회에 대한 인식의 변화를 갖게 되었는데, 381년 제1차 콘스탄티노플 공의회에서 여기에 '사도적(apostolic) 속성'을 첨가하게 되었다.[52]

더 나아가서 그는 세계 역사에 관심을 가지는 교회는 그 존재 양태를 계속 달리해야 하며, 교회가 세상을 위한 존재임을 본회퍼(Dietrich Bonhoeffer)와 몰트만(Jürgen Moltmann)의 말을 빌려 선교적 교회론의 개념을 확인하였다. 본회퍼는 『성도의 교통』이라는 저술에서 지역교회를 선교하는 방향으로 전환시킬 수 있는 새롭고 혁신적인 사상을 내놓았다.[53] 몰트만은 『성령의 능력 안에서의 교회』 서문에서 이와 비슷한 교회관이 있음을 확인하고 있다.[54]

밴 엥겐은 종합적으로 역사적 관점에서 지역교회의 선교적 본질을 다음과 같이 요약하고 있다.

> 선교는 교회의 본질에서 분리된 것이나 첨가된 것이 아니다. 지역교회의 핵심적 본질은 선교이며, 그렇지 않은 교회는 실제로 교회가 아니 다. 지역교회가 선교하는 교회의 본질을 이해하고, 선교활동들을 하며, 선교하는 공동체로서의 삶을 의식적으로 살아 나가면 그 교회는 예수 그리스도의 참된 교회로 자라나게 될 것이다.[55]

교회에서 선교는 필수이며, 그 선교는 세상을 위한 존재로 세워져야 한다. 그리고 억압받는 자들과 함께 하면서 말씀의 선포가 교회 안은 물론 교회 밖에서도 이루어져야 한다. 선교적 실천의 내용은 '코이노니아(*Koinonia*): 서로 사랑하라, 케리그마(*Kerygma*): 예수님은 주님이시다, 디아코니아(*Diakonia*): 이 지극히 작은 자 하나에게, 말투리아(*Martyria*): 나의 증인이 되라'의 네 가지로 나타난다.[56] 위와 같은 선교적 교회로서의 실천의 내용이 뒤따를 때 비로소 선교적 교회가 세워질 수 있음을 말한다. 교회가 먼저 변화되어야만 세상도 변화되고 하나님 나라도 변해야 비로소 교회는 참된 교회가 된다.

밴 엥겐의 주요 강조점은 교회 구성원들의 외부적인 행동 이전에 먼저 교회의 내적인 건강함을 드러낸 것이다. 그의 교회론은 전통적인 교회의 관심분야라 할 수 있는 '모이는 교회' 즉 내적인 교회의 성장, 부흥, 하나 됨, 질서, 행정 등을 통한 건강함을 중요시하고 있다. 이런 개념들은 선교적 교회를 세우는 데 포괄적이고 중요한 목회적 사역의 근거가 된다.

밴 엥겐은 교회를 '믿는 무리들이 교통하며 하나님의 뜻을 묻는 지역교회'와 '예수님의 피로 구속받고 세상 속에서 하나님의 백성으로 부르심을 받은 우주적 교회'로 구분한다. 이 두 교회는 시간과 공간 속에 예수님의 제자들이 지역교회로 모여 복음을 생활화하는 삶의 모습을 보여주는 하나님의 신기하고 신비로운 창조물이다. 그러기에 교회는 세상을 향한 선교를 펼치기 위하여 세워졌기 때문에 그들은 당연히 믿음의 실체인 선교하는 교회가 되어야 한다는 것이다. 이와 같이 그는 지역교회의 본질을 선교학적으로 해석한다.

종합적으로 평가하면 밴 엥겐의 교회론은 편협하지 않고, 학문적 연구 결과를 기술하는 데 있어서도 논쟁거리가 없다. 연구의 폭도 넓고 다루는 주제들이 풍성하고 균형이 잡혀 있으며, 타문화 선교에 경험이 풍부하다. 교회를 이해할 때 모임과 세움 그리고 보냄이라는 세 가지 측면을 모두 포함하고 있다. 때문에 그의 선교사로서의 학문적 자세가 그의 신학적 사고에 신뢰감과 무게를 더해 준다.

미주

1 하워드 스나이더, 『교회 DNA』, 90.
2 Ibid.
3 댄 킴볼, 『그들이 꿈꾸는 교회』, 차명호 역 (서울: 미션월드라이브러리, 2008), 27.
4 정승현, 『하나님의 선교와 20세기 선교학자』, 123.
5 Ibid., 128.
6 Ibid.
7 L. Newbigin, *A Faith For This One World?* (London: SCM Press, 1961), 77.
8 레슬리 뉴비긴, 『다원주의 사회에서의 복음』, 134.
9 Ibid.
10 레슬리 뉴비긴, 『오픈 시크릿』, 81-82.
11 Ibid.
12 정승현, 『하나님의 선교와 20세기 선교학자』, 128-129.
13 레슬리 뉴비긴, 『교회란 무엇인가?』, 홍병룡 역 (서울 : IVP, 2010), 121.
14 정승현, 『하나님의 선교와 20세기 선교학자』, 129.
15 L. Newbigin, *Foolishness to the Greeks: The Gospel and Western Culture* (Grand Rapids: Eerdmans, 1986), 136.
16 Ibid., 179-180.
17 레슬리 뉴비긴, 『오픈 시크릿』, 111.
18 Ibid., 117-118.
19 L. Newbigin, *What is the Gospel?* SCM Study Series No 6. (Madras: Christian Literature Society, 1942), 15-18.
20 Ibid., 98.
21 Ibid.
22 정승현, 『하나님의 선교와 20세기 선교학자』, 121-130.
23 George R. Hunsberger, "Missional Vocation," in *Missional Church*, ed. Darrell L. Guder. Grand Rapids: Eerdmans, (Grand Rapids: Eerdmans, 1998), 27.
24 Geoffrey Wainwright, *Lesslie Newbigin,: A Theological Life*, 82-83.
25 L. Newbigin, *A Faith for This One World?* London: SCM Press, (Grand Rapid: Eerdmans, 1961), 7.
26 Ibid., 11.
27 L. Newbigin, *The Union of the Church* (London: SCM Press, 1984), 101.
28 레슬리 뉴비긴, 『교회란 무엇인가?』, 184.
29 레슬리 뉴비긴, 『아직 끝나지 않은 길』, 493.
30 Ibid., 482-486.
31 레슬리 뉴비긴, 『다원주의 사회에서의 복음』, 228.
32 크레이그 밴 겔더, 『교회의 본질』, 최동규 역 (서울: CLC, 2015), 37-38.
33 Ibid., 40.
34 Ibid,, 41.
35 Ibid., 41-42.

36 Ibid., 42.
37 Ibid., 49-50.
38 문상철, 제34회 한국 선교학 포럼 강의안 "크레이그 밴 겔더의 선교적 교회론" (한국선교 연구원, 2009. 4).
39 Ibid., 3.
40 크레이그 밴 겔더, 『교회의 본질』, 57.
41 Ibid., 140-155.
42 Ibid., 75.
43 Ibid., 176-184.
44 Ibid., 74-75.
45 찰스 밴 엥겐, 『모이는 교회 흩어지는 교회』, 34.
46 Ibid., 27-39.
47 Ibid., 49.
48 Ibid., 56.
49 Ibid., 59-61.
50 Ibid., 61-62.
51 Ibid., 62-76.
52 Ibid., 77.
53 E. T. Dietrich Bonhoeffer, *The Communion of Saints: A Dogmatic Inquiry into the Sociology of the Church*, trans form 3rd Geman ed. (New York: Harper, 1964), 88.
54 틸리케(Helmut Thielicke), 파이어트(John Piet), 한스 큉(Hans Kung), 이스트멘(Albert Theodore Eastman).
55 찰스 밴 엥겐, 『모이는 교회 흩어지는 교회』, 94.
56 Ibid., 115-134.

제 5 장
선교적 교회의 신학적 설계

선교적 교회로 전환하기 위한 목회행정의 올바른 실천단계를 위해서는 먼저 신학적인 설계가 올바르게 갖추어져야 한다. 그 다음에 그 설계에 기초하여 단계적으로 진행되고 적용되어야 한다. 그 세 가지 설계도는 교회의 본질인 선교, 교회사역의 주체인 성령, 교회 조직을 통한 보냄의 공동체를 세우는 것이다.

1. 교회 본질과 선교공동체

선교적 교회를 세우고자 실제적인 목회행정을 적용하기 위해서는 '교회가 무엇을 어떻게 해야 하는가'에 대한 관심보다는, '교회는 무엇이 되어야 하는가(to be)?'라는 더 깊은 질문을 던져야 한다. 교회가 존재한다는 것이 무슨 의미인지, 그리고 급격하게 변화하는 선교적 상황 가운데서 하나님께서 교회를 통해 수행해 오셨다는 것이 무엇을 의미하는지 이해해야 한다.[1] 이런 교회 본질적인 질문에 대하여 몇 가지를 정리할 필요가 있다.

1) 하나님의 구속적인 통치이다

예수님은 교회를 창조하는 성령의 사역을 위한 기초 작업을 하셨고 승천하시기 전 성령을 보내 줄 것과 그 성령께서 교회를 창조할 것을 약속하셨다. 오순절에 제자들에게 성령을 부어 주심으로 교회가 탄생하였고, 이 교회는 하나님의 구원 사역에 있어서 새로운 장을 열었다. 교회는 성전의 모퉁이 돌이신 예수님에 기초하며, 성전을 구성하는 돌들인 모든 그리스도인은 영적 성전이며 신앙공동체인 교회를 구성하였다. 이 교회는 성령의 임재로 창조되고 충만하게 되어야 하며 최종적으로 하나님의 구속적 통치를 세상에 가시적 형태로 드러낸다.[2]

2) 신약성경의 교회이다

사도행전에서는 교회를 형성한 성도들을 '그 도'(the way)를 쫓는 사람들(행 9:2), 안디옥에서는 '그리스도인'(행 11:26) 나아가 '세상으로 불러내심을 받은 모임'을 뜻하는 '에클레시아'로 불렸다.[3] 신약의 저자들은 가시적 교회와 비가시적 교회를 구분하지 않았다. 교회에 관한 이미지들은 다양한 상황 가운데 존재하였다. 그리고 교회는 자기를 이

해하기 위해 자연스럽게 다양한 이미지에 의존하였다. 이것은 교회의 본질 역시 다양함을 의미한다.[4]

3) 교회의 핵심적인 이미지이다

교회를 묘사하는 주요 이미지는 '하나님의 백성, 그리스도의 몸, 성도의 교제, 성령의 창조물'로서 각각의 이미지마다 중요한 의미를 가진다.

하나님의 백성 이미지는 교회는 '각 족속과 방언'(계 5:9)으로부터 선택되어 새롭게 창조된 하나님의 백성으로서 세상에서 가시적으로 살아야 함을 나타낸다.[5]

그리스도의 몸에 대한 이미지는 교회를 일종의 사회적 공동체로 묘사하는 것으로 사용하였다. 바울은 이 개념을 십자가에 달리시고 부활하신 후 승천하신 그리스도와 관련시키면서 유기체적인 이미지로 재형성하였다. 특히 성례전과 연결시키면서 교회가 성례전에 참여할 때 비로소 한 몸으로 연합되는 것처럼, 교회의 본질은 다양성을 초월하는 연합된 공동체로 살아야 한다.[6]

성도의 교제에 대한 이미지는 사도신경의 '거룩한 공교회와 성도의 교제와'라는 표현에서 발견할 수 있으며 신약성경에도 자주 등장한다. 교제라는 용어는 코이노니아(*koinonia*)를 번역한 것으로 공동으로 나누는 것을 의미하며, 'fellowship'(친교 또는 교제)으로 번역된다. 이와 같이 교제를 통해 존재한다는 것은 교회가 본질상 어떤 사회적 공동체로서 존재한다는 것을 의미한다.[7]

성령의 창조물 이미지는 하나님의 구원 사역에 나타나는 공동체의 현실은 교회의 본질과 관련하여 강조된다.

- 하나님의 성전(고전 3:16)
- 하나님이 거하실 처소(엡 2:22)
- 산 돌같이 신령한 집(벧전 2:5)
- 성도들과 동일한 시민(엡 2:19)
- 하나님의 권속(엡 2:19)

이와 같은 이미지는 교회가 본래 가지고 있는 공동체적 특성을 잘 표현하고 있다. 이 같은 교회에 관한 이미지들은 교회가 본질상 끊임없이 발전하는 특성을 가지고 있음을 보여주며, 교회는 본질상 조직적, 제도적 삶의 특성들을 드러낼 것임을 암시한다.[8]

이와 같이 교회는 여러 세기에 걸쳐 오면서 이런 성경적 이미지를 반영함으로 교회에 관한 다양한 신학적인 설명으로 교회를 발전시켜 왔다. 그러므로 오늘날의 교회 역시 이런 교회의 본질적인 개념들에 근거하여 선교적 공동체로서의 실제적인 사역을 실천하는 역할을 감당해야 한다. 이를 위해서는 먼저 신학적인 교회의 설계도를 그릴 수 있어야 한다.

① 거룩하면서도 동시에 인간적이고, 영적이면서도 동시에 사회적인 교회
② 보편적이면서 동시에 지역적이고, 일반적이면서 동시에 상황적인 교회
③ 유일하면서 동시에 다수이고, 통일되어 있으면서 동시에

다양한 교회

④ 사도성의 기초적인 선교적 특성과 권위를 가지고 파송하는 교회[9]

이처럼 선교적 교회를 세우기 위한 교회의 사역과 조직을 목회행정의 방법으로 올바르게 적용하기 위해서는, 먼저 교회의 본질에 따른 선교적 사명을 감당하는 공동체로 변화시켜 나가야 한다. 교회 본질에 대한 이해가 선행돼야 다음 단계인 교회사역을 제대로 실천할 수 있기 때문이다.

2. 교회사역과 성령공동체

초대교회가 선교적 공동체의 역할을 감당할 수 있게 된 배경에는 성령의 역사가 있었다. 신자들이 거룩한 생활, 상호지지, 그리고 희생적인 봉사의 공동적 실체인 성령 안에서 코이노니아의 모습을 보여 주었다.[10]

> 그들이 사도의 가르침을 받아 서로 교제하고 떡을 떼며 오로지 기도하기를 힘쓰니라(행 2:42).

이 같은 코이노니아가 가능할 수 있었던 것은 교회가 성령 체험을 하였기 때문이다.

바울은 기독교 공동체의 특징을 말할 때 육체의 욕심과 성령의 열매(갈 5:16 이하)를 대조하였으며, 그리스도는 그 시대의 욕망에 따라 살았던 자들을 대신하여 십자가로 심판받고 사망에 이르렀다. 반대로 성령으로 살았던 자들의 삶은 부활을 통해 회복되고 성령의 은사에 의해 권능을 더할 수 있었다.[11] 이 사실은 지금도 교회의 선교적인 사역이 제대로 이루어지기 위해서는 결국 성령의 일하심이 선행되어야 함을 알려준다.

즉 그들이 누구인가에 대한 정체성, 그들은 어떤 모습인가에 대한 특성, 그들은 왜 그것을 하는가에 대한 동기, 그들 개개인에 대한 소명의식에 성령께서 일하셔야 하며, 이런 면에서 교회는 선교적이어야 한다.[12] 결국 교회가 성령의 창조물이기에 교회의 사역은 성령이 하시는 일이며 교회의 본질로부터 자연스럽게 흘러나온다. 이것은 교회가 존재하는 모습대로 행한다는 것을 의미한다.[13] 그러므로 교회의 본질 중에서 교회의 사역과 직접적으로 관계된 다음의 몇 가지 중요한 요소들을 고려해야 한다.

1) 교회사역과 하나님의 선교이다

종교개혁의 전통은 삼위일체에 관한 분명한 가르침을 가지고 있지만 기독론을 지나치게 강조한다. 따라서 삼위일체적 관점에서 하나님의 선교는 하나님의 창조와 재창조와 완성의 사역이 된다. 이 관점은 하나님의 존재, 삼위일체로서의 하나님의 사회적 실체, 그리고 세 분 위격의 사역을 이해하는 데 매우 유익하다.[14] 교회의 모든 사역들은 하나님의 세 가지 양상이 함께 반영되어야 한다.

종교개혁의 전통은 십자가를 통한 구원의 능력을 신자들의 영적 생활에 초점을 맞추고 있다. 그러나 이런 구원의 양상들이 성경적임에도 불구하고 이 세상에서 행하시는 하나님의 선교를 충분히 설명하지 못한다. 여기서 십자가의 의미를 좀 더 넓은 범위인 하나님의 선교 관점에서 이해할 수 있어야 한다.[15] 그러므로 그리스도의 십자가를 온전하게 이해하는 과정이 선행되어야만 교회사역이 가지고 있는 특성과 위치를 파악하는 데 중요한 기준을 마련할 수 있다.

또한 개인과 공동체의 관계에서, 루터는 만인 사제설(the priesthood of all believers)을 주장하여 하나님께 대한 각 개인의 가치를 강조하였다. 후기 계몽주의는 구원을 개인주의적 관점에서 정의하는 경향을 더욱 부추겼다. 그 결과 개인의 구원은 개신교 신학에 속한 대부분의 흐름 속에서 공통적인 내용이 되고 말았다.[16]

2) 교회와 능력들이다

성령은 이 세상에서 구원 사역을 수행하는 일에 참여하기 위해 새로운 유형의 공동체(눅 12:32)를 만들어 사탄의 능력과 대결한다. 이 대결은 종말의 날에 심판을 통해 악한 세력에 대한 궁극적인 승리로 나타날 것이다.[17] 그러므로 교회는 타락한 능력들이 구원받은 하나님의 백성에 대하여 더 이상 지배력을 행사할 수 없도록 무력하게 된 능력들의 정체를 폭로할 책임을 가지고 있다. 때문에 교회 앞에 주어진 도전은 하나님의 영광과 목적을 위해 창조 세계 속에서 잃어버린 영역을 회복하는 것이다.[18]

3) 화해를 위한 교회의 사역이다

하나님의 목적은 창조의 의도를 반영하기 위해 완성을 고대하면서, 모든 것과 화해하며 모든 것을 새롭게 만드는 것이다. 이 하나님의 능력은 새로운 사회적 공동체로서의 변화된 삶을 통해 정사와 권세를 정복하며 언약을 통해 전달된다. 결국 언약을 주신 하나님의 의도는 구원받은 백성을 이 세상에서 화해의 사역을 담당하는 대리자가 되게 하는 것이다. 그리하여 하나님의 메시지를 땅끝까지 전달하는 새 공동체를 창조한다. 이런 언약의 관점은 선교적 교회론에 있어서 중요하다.[19]

성령의 역할은 사랑의 공동체를 형성하게 한다. 그리하여 예수 그리스도 안에서 계시된 하나님의 사랑의 특성을 밝히는 증언을 통해 교회공동체가 화해의 역할을 하게 한다.[20] 이것은 교회가 단지 자신만을 위해서 존재하지 않는다는 것을 의미한다.

4) 성령에 의한 교회의 사역이다

교회 안에서 이루어지는 성령의 사역에 대해서 성경은 두 가지 활동 즉 인도하심과 가르치심을 강조한다. 더 나아가 성령은 서로에게 은혜의 통로로 기능하도록 공동체에 속한 신자들에게 능력을 부여한다. 이를 통해 은사에 의해 형성되는 사역(gift-shaped ministry)을 낳는다. 또한 은혜에 기초하여 교회생활을 할 뿐만 아니라 사역에 헌신함과 동시에 성령께서 주시는 은사를 통하여 사역에 참여한다.[21] 이런 관점에서 선교적 교회가 되기 위한 사역의 실제에 있어서 교회는 근본적으로 성령의 공동체임을 분명하게 인식하는 것이 중요하다.

교회사역에 있어서 그리스도의 몸을 서로 연결하는 진정한, 그러면서도 신비로운 접착제가 있다면 바로 성령이시다.

> 몸이 하나요 성령도 한 분이시니 이와 같이 너희가 부르심의 한 소망 안에서 부르심을 받았느니라(엡 4:4).

이러한 말씀처럼 진정으로 선교적 교회를 세워가기 원한다면 자신 안에 거하시는 성령이 사역과 관계의 유일한 구심점이 되기를 소망해야 한다.

한편 교회사역을 말할 때 핵심적인 기능들이 있는데 성경의 대표적인 장은 로마서 12장이며, 이 장은 지역교회의 삶과 사역이 가진 다양한 차원을 이해하는 데 필요한 내용들을 제공하고 있다. 그 내용들은 다음과 같다.

> 삶이 예배라는 관점에서, 개인적 삶의 차원인 하나님과 또한 타인과 올바른 관계를 맺고 살아가는 관계적 공동체에 속한 삶이다. 그리고 특정한 예배로서, 개인적 차원보다는 공동체 차원에서 이루어지는 찬양, 기도, 말씀경청, 봉헌, 봉사 등이다. 그리고 종합적인 차원에서 행해지는 사역의 내용들은 제자훈련, 교제, 봉사, 증언, 비전개발, 청지기직 등의 교회사역의 이 모든 양상은 교회의 본질에 기초하고 있다.[22] 이처럼 교회의 사역을 형성하는 데 있어서 먼저 교회의 본질이 근거가 되어야 하는 것처럼, 교회의 조직적인 모습들을 결정하려면 역시 먼저 교회의 본질과 사역내용에 근거해야 한다.

3. 교회 조직과 보냄공동체

교회 안에는 차등과 순차, 장로와 집사의 그룹 책임자가 있으며 다양한 층의 봉사자들이 있음을 볼 때 교회는 하나의 조직체임을 인정할 수 밖에 없다. 그러나 교회의 조직 안에는 반드시 하나님의 생명을 가지고 있어야 한다. 조직체를 중요하게 여기는 이유는 이 조직을 매개로하여 생명을 내용으로 취하기 때문이며, 교회의 본질에 근거한 사역의 최종 목적은 생명을 살리는 일이다. 그러므로 생명이 없이 조직만 있는 것은 매우 큰 오류를 범하는 것이기에 성경에 맞지 않고 성령을 제한하며 성령을 반대하는 조직은 초기부터 배제해야 한다.

교회 조직의 목적은 신자들을 세상에 보내어 교회 밖 삶의 현장에서 계속 예수 생명을 전달하고 알리는 데 있다. 그러므로 조직은 선교적 사명을 역동적이고 효과적으로 실천할 수 있도록 활용할 수 있는 통로가 되어야 한다. 예수님이 누가복음 10장 1절에 "그 후에 주께서 따로 칠십 인을 세우사 친히 가시려는 각 동네와 각 지역으로 둘씩 앞서 보내신" 것처럼 교회는 신자들을 세상에 보내는 파송공동체의 역할을 해야 한다.

교회의 본질을 요약할 때 '교회는 유기적 공동체'라고 할 수 있다.[23] 그러므로 본 장에서의 조직의 개념들은 유기적 조직을 의미하며, 유기체란 교회의 모든 구성원들과 기관과 부서들이 서로 연합하고 상호 작용을 통하여 공동의 목적을 향해 움직이는 것을 말한다.

대럴 구더는 선교적 교회의 조직을 말할 때 하나님의 선교에 뿌리를 둔 신학적인 이해를 어떻게 교회의 체계에 적용할 것인가에 대한 도전이라고 했다. 결국 교회의 모든 체계들은 그들이 처한 상황 속으로 그들의 메시지를 구현시켜야만 함을 강조한다.[24] 이런 이해를 바탕으로 교회는 세상을 향해 보냄을 받은 사도로서 하나님의 통치를 증거하는 공동체가 되어야 한다고 강조하였다. 특히 목회자와 교회의 지도자들은 '선교하는 교회의 비전'을 분명히 하고 하나님의 백성들을 선교를 위해 훈련하고 구비시켜야 하며, 교회의 구조를 관리 중심에서 선교적 사역 구조로 갱신해야 한다고 주장하였다.

교회의 본질과 사역의 최종 단계로 조직의 순서를 세우고 유지하는 것은 다음과 같은 이유 때문에 중요하다. 교회의 본질은 교회의 사역을 이해할 수 있는 기초로, '교회는 존재한다.' 교회의 사역은 교회의 조직을 이해할 수 있는 기초로, '교회는 존재하는 모습대로 행한다.' 교회의 조직은 교회의 사역을 수행하기 위한 교회의 구조로, '교회는 행하는 그것을 조직한다.'[25]

1) 사역 중심의 조직

조직은 구체적인 방식으로 교회의 사역을 표현하며 그것은 교회의 삶에서 가시적인 차원을 가진다. 그러므로 조직은 교회에 참여하는 사람들의 삶과 행위를 형성하는 데 큰 영향을 미친다. 때문에 조직의 발전을 이해하려면 먼저 조직의 일차적인 기능과 함께 교회의 정체성을 규정하는 데 조직이 끼친 영향을 알아야 한다. 교회는 성령에 의해 창조된 이후 빠르게 조직적 삶을 발전시키기 시작했으며 세상에서 하나님의 권위를 드러내기 위해 구조, 과정, 리더십을 활용하였다.[26]

여기서 교회는 살아 있으며, 역동적, 사회적, 영적 실체로서 교회의 조직적 삶이 성장, 발전, 변화에 반응할 수 있어야 함을 의미한다.[27] 신약교회 역시 조직적인 면에서 역동적이고 다양했으며, 성령께서 구조, 과정, 리더십을 발전시킴으로써 교회로 하여금 다양한 상황에 적응하도록 인도하였다. 오늘날도 성령께서 다양한 상황에 적합한 조직 형태를 발전시킴으로써 교회를 계속적으로 인도하기를 기대해야 한다.[28] 이처럼 신약교회 조직의 발전과 다양성을 오늘날의 교회에도 긍정적으로 수용해야 함을 엿볼 수 있다.

또한 교회는 신앙공동체인 동시에 사람들이 모여 있는 사회적 조직이기 때문에 교회가 이 세상에서 행하는 모든 것은 하나님의 목적과 구원 능력을 증언해야 한다. 교회 조직-교회가 그것의 구조, 과정, 리더십 역할을 발전시키는 방식-은 그 자체로서 세상을 향한 증언의 한 형식이다.[29] 그러므로 교회의 조직적 실천은 교회의 사역을 형성하는 수단으로서 증언을 위한 조직체계로 세워져야 한다. 결국 교회는 조직이 우선이 아니라 사역이 우선이며, 사역의 내용에 따라서 조직 구조가 세워져야 한다. 즉 행하는 바를 조직하는 것이 되어야 한다.

2) 지역의 선교적 구조

다양한 형식을 가진 가시적 교회는 지역과 보다 넓은 세계를 복음화하기 위해 통합하고 협력하여 집단적 활동을 지원해야 한다. 이를 위하여 사역과 조직이라는 두 구조를 사용하였으며 이것은 서로 연결되어 있다.[30] 먼저 지역의 선교적 교회들은 교회생활의 일차적인 조직 구조이며 1세기 교회생활이 지역적, 지방적, 세계적 차원으로 발전해 가는 과정에서 분명하게 드러난다. 즉 다양한 상황성에 비추어 볼 때 신약성경은 다양한 유형의 지역교회들을 보여주고 있다.[31]

첫째, 성전모임과 가정모임(행 2-6장)이다. 초기 그리스도인들은 사도들의 가르침을 듣기 위해 정기적으로 성전에 모였다. 가정에서는 소규모의 친교집단으로 모이기도 하였다.

둘째, 기독교적 회당(바울의 선교여행을 통해 소아시아 지역교회가 형성)으로 바나바, 실라, 디모데 등의 사람들과 함께 한 바울의 선교 여행을 통해 소아시아 지방에 지역 회중들이 형성되었다.

셋째, 가정교회(로마사회에서는 확대된 가족형태를 이룸)로 복음이 지중해 세계 전체로 퍼져나가면서 형성되었다.

넷째, 집단적인 도시교회(안디옥, 에베소, 고린도, 로마와 같은 도시에 출현한 교회들)들로, 이들에게는 이용 가능한 성전이 없었으나 여러 가지 형태의 집단적 삶에 참여하였다.[32]

3) 이동성 선교 구조

이동성 선교 구조들은 지역적 선교 구조들을 보완할 뿐만 아니라 그것은 교회 영역 밖에 존재하나 그 존재 이유와 사역 활동은 교회 삶과 사역과 밀접하게 연관되어 있다. 그러므로 가시적 교회는 그 지역의 문화와 환경적 상황에 뿌리를 내려야 한다. 그 후에 그 지역의 필요를 충족시켜 줄 수 있는 지역의 선교적 회중들을 중심으로 하는 선교 구조를 통하여 복음을 확장시켜 나가야 한다.[33]

신약성경에 나타난 여러 종류의 이동성 선교 구조들은 다음과 같다.

(1) 사도적 지도자이다

예수님은 그의 사도들을 선택하고 훈련시킨 제자 집단으로 제자공동체를 만들고 초대교회에 삶에 대한 권위 있는 가르침을 실천하는 사역을 하였다.

(2) 이동성 팀이다

교회의 발전과 함께 복음 증거를 위한 사도들과 사도들에 의해 임명된 지도자들, 그리고 지역교회의 지도자들로서 새로운 영역과 특별한 사역에 종사할 사람들이다.

3) 순회지도자이다

빌립(행 8-9장), 아볼로(행 18:24-19:1), 브리스길라와 아굴라(행 18:26)가 이 범주에 포함된다.[34] 이처럼 이동적 선교 구조를 가진 교회들은 가시화된 교회의 모습을 뛰어 넘어 무형화된 교회 모습을 통하여 폭넓은 활동 범위를 가질 수 있었다. 이동성 선교 구조를 가진 교회의 특성들은 다음과 같다.[35]

① 이동성 구조는 항상 지역 회중들과의 관계 속에서 존재하며 교회의 유일성을 반영한다.
② 이동성 구조는 교회의 더 광범위한 사역을 위한 은사와 기술을 가졌을 뿐만 아니라 지역 활동에 대한 훈련과 사역경험이 있는 지도자들로 구성된다.
③ 이동성 구조는 많은 경우에 전문화된 신자집단으로서 기능한다.

지금까지의 교회 조직을 중심으로 한 활동들의 모습들과 기능에 대하여 살펴보면서 발견한 것이 있다. 그것은 교회의 본질은 교회의 목적으로 나타나며 교회의 목적에서 교회의 사역이 드러나게 되고 교회의 조직은 사역의 실천을 위한 교회의 조직과 구조들을 제공한다는 점이다. 나아가 교회의 조직과 행정의 목적은 보냄과 파송을 위한 도구로서의 중요한 과정임을 알 수 있다.

'선교적 교회의 신학적 설계'라는 주제에서 암시하듯이 지금까지 선교적 교회론에 대한 신학적인 이해를 돕기 위해 논의하였다. 그런데 이러한 신학적인 논의를 실제화 시키기 위한 선교적 교회를 세우려면 통합과학 즉 조직과 정책, 시스템 등을 어떠한 전략으로 교회에 적용시켜 나갈 것인가에 대한 문제가 과제로 남게 된다. 다음 장에서는 이 과제를 실제적 차원에서 다룰 것이다.

미주

1 크레이그 밴 겔더, 『교회의 본질』, 158.
2 Ibid., 159-160.
3 초대교회에 주어진 여러 가지 이름에 대한 논의는 다음 문헌에서 찾아볼 수 있다. Giles, *What on Earth Is the Church?*, 74-92.
4 크레이그 밴 겔더, 『교회의 본질』, 162-165.
5 Ibid., 170.
6 Ibid., 170-172.
7 Ibid., 173-174.
8 Ibid., 174-175.
9 Ibid., 181-194.
10 대럴 구더, 『선교적 교회』, 220.
11 Ibid., 221.
12 Ibid., 216.
13 크레이그 밴 겔더, 『교회의 본질』, 199.
14 Küng, The Church, 344-359.
15 크레이그 밴 겔더, 『교회의 본질』, 202.
16 Sydney E. Ahlstrom, *A Religions History of the American People*, vol. 1 (Garden City, N.Y: Image, 1975), 521-550. 크레이그 밴 겔더, 『교회의 본질』, 202-203. 에서 재인용.
17 크레이그 밴 겔더, 『교회의 본질』, 204-205.
18 Ibid., 206.
19 Ibid., 208.
20 대럴 구더, 『선교적 교회』, 223.
21 Ibid., 223-226.
22 크레이그 밴 겔더, 『교회의 본질』, 229-236.
23 Howard Snyder, 『그리스도의 공동체』, 김영국 역 (서울: 생명의 말씀사, 1987), 70.
24 대럴 구더, 『선교적 교회』, 263.
25 크레이그 밴 겔더, 『교회의 본질』, 238.
26 Ibid., 239-241.
27 Ibid., 242.
28 Ibid., 244-245.
29 Ibid., 245-246.
30 Ibid., 251-252.
31 Ibid., 253-254.
32 Ibid., 254-256.
33 Ibid., 257.
34 Ibid., 257-260.
35 Ibid., 260.

제 2 부
목회행정 전략

제6장 선교적 교회의 목회행정

제7장 선교적 교회의 사역

제8장 사역을 위한 시스템

제 6 장
선교적 교회의 목회행정

1. 목회행정 이해

1) 행정(Administration)의 필요성

아담스(Arthur Adams)는 행정이란 어떤 일을 수행하기 위하여 사람들을 통해서 그들과 함께 일하는 것이라고 했다. 앨빈 린그렌(Alvin J. Lindgreen)은 행정이란 교회의 본질에 근거하여 선교적 사명을 완수하는 데 있어서 교회의 모든 물질적, 인적 자원을 활용할 수 있도록 조직적이고 포괄적인 방법으로 교회를 이끌어가는 것이라고 하였다. 트렉커(H.B. Trecker)는 행정이란 회중과 함께 목표를 수립하며 의무를 분배하고 모든 계획과 사명을 지휘하며 목표를 달성하기 위한 진행방법이라고 했다.[1]

위 학자들의 정의를 교회의 목회사역에 적용하여 종합하면 교회행정이란 먼저 교회의 본질과 사명이 무엇인지를 이해하는 것에서 출발하는 것이다. 그리고 그에 뒤따르는 사역을 효과적으로 완수하기 위하여, 상황에 알맞은 모든 필요한 물적, 인적 자원을 조직화하여 이끌고 나가는 체계적인 진행 과정이다. 이것을 교회의 지도자인 목회자가 목회적 관점에서 시도하는 것을 목회행정이라 할 수 있다.

그러므로 행정은 단순한 사무적인 활동이 아니라 '목적 달성을 위한 활동'이다. 그 목적은 일의 종류와 내용에 따라 좌우된다. 결국 행정이란 "그것이 봉사하는 분야의 목표와 목적을 발견하고 분명히 밝혀서 조리 있고 종합적인 방법으로 그 실현을 위해서 추진해 나가는 일"이다.[2] 이러한 정의는 현대교회가 행정 미숙으로 야기되고 있는 모든 부조리한 것과 교회발전에 암적인 요소 등을 해소시키고 깨끗이 시정하는 고무적인 말이다. 그런데 조지 헌터의 주장대로 교회가 "불신자의 요구에 봉사할 때 그리고 종종 새로운 봉사방법을 개발할 때 교회는 건강하게 성장한다."라고 한 말은 '봉사한다'의 뜻을 담은 행정과 깊은 연관성을 가진다.[3]

여기서 교회행정과 교회의 양적 질적인 성장과의 연결성을 찾게 된다. 그러므로 선교적 교회를 세우고자 하는 분명한 목표가 있다면, 그것을 담아낼 수 있는 행정이라는 그릇을 반드시 준비해야만 한다. 목회를 잘 한다고 하는 목사가 도중에 좌절하여 "나는 한 가지 일에서 다른 일로 쫓겨 다니는 것 같아요. 내가 무엇을 하며, 왜 그 일을 하는지조차 모릅니다."[4]라고 한 말은 목회행정의 필요성을 실토한 표현이다. 이것은 목회자가 선교적인 교회로 전환과정에서 반드시 필요한 사역이 바로 목회행정임을 발견하게 된다.

이것은 더 나아가서 교회가 선교적 교회를 세우는 것 이외에 다른 목적들을 달성하는 데에도 동일하게 적용된다. 예를 들면 장단기적으로 교육, 건축, 기도, 봉사, 구제, 전도, 해외선교, 국내선교, 양육, 교제, 영성, 복지, 임직 등 어떤 목회활동이든 간에 목적을 지향하면서 교회를 세우기를 원한다면 목회자는 반드시 행정의 방법을 적용할 수 있는 능력이 있어야 한다. 행정은 한 방향을 향하여 나갈 수 있도록 하기 때문에 여기 저기 쫓겨 다니는 목회를 할 필요가 없게 만든다. 오히려 목회자만이 할 수 있는 일들에만 집중할 수 있도록 도와준다.

지금까지 교회가 성장만을 위하여 전력을 기울이고 있는 과정에서 시대의 흐름을 뒤따라가지 못할 뿐만 아니라 교회의 본질을 상실하게 되었다. 그 결과 대부분의 교회들이 오히려 역효과를 경험하고 있는 것이다. 그 과정에서 교회행정에 대한 무관심과 경시 경향까지 보임으로 많은 문제와 부조리가 발생하였고, 심지어는 교회 분열까지 나타나는 현실을 부인할 수 없다. 그러므로 이 시대의 교회에서 긴급한 문제 중의 하나는, 먼저 교회의 지도자인 목회자가 올바른 교회관을 가지고 교회행정을 효과적으로 진행시킬 수 있는 지도력을 행사할 수 있어야 한다.

2) 목회행정의 영향력

목회자는 교회에서 성도들을 완성케 하고 헌신 봉사케 하며 하나님의 나라 확장, 교회성장을 촉진시키는 데 있어서 목양을 위한 계획과 조직 운영을 위한 교회행정이 어느 때보다 절실하게 요구된다. 다원화된 21세기 미래 시대는 목회활동을 지원하고 조장하는 교회행정의 전문화와 현실화가 강조되고 있다. 이것은 결코 임시방편과 임기응변식의 사역만으로는 목적을 달성하는 것이 불가능한 때가 도래했음을 재인식하게 한다. 그러므로 목회자는 이러한 교회행정의 현상들을 이해하고 야기되고 있는 교회 안의 제 문제를 해결하고 결정하는 행정적 지식과 실제적 기술을 갖추어야 한다.

이 시대야말로 목회에서의 조직 구조의 성격과, 실제적 관리운영에 관한 원리를 근거로 하여 실제적 방법에 대한 이론적 구성을 주안점으로 하는 학문적 방향을 제시할 때가 왔다.[5] 이 방향은 교회의 본질 회복을 위하여 성경적 근거에서 교회행정의 기초를 두는 것이어야 한다. 바울의 목회를 보면 그의 모든 행정적인 결정을 기독교 신앙의 전체적인 이해라는 틀 안에서 내려야 한다고 주장한다. "바울은 그리스도 안에서 주어진 교회의 특성에 알맞게 운영되고 관리되어야 한다고 했으며, 하나님의 비밀을 맡은 청지기(관리인)로서 복음에 의해서 처리되어야 한다."고 하였다.[6]

교회행정은 목회사역의 전체 직무와 밀접하게 관계되어 있으며 대부분이 목회자를 통해 행해지기 때문에, 결국 모든 교회의 사역들이 목회행정이 되는 것이다. 여기서 선교적 교회의 목회행정이란 개념도 어떤 새로운 행정의 방법이 있는 것이 아니라, 교회의 지도자인 목회자가 선교적 교회를 세우기 위한 목적과 방향성을 가지고 실행에 옮기는 다양한 행정의 과정들을 의미한다.

교회행정학에서 목회활동과 관련된 목회행정의 분야는 리더십(leadership), 관리(management), 경영(administration)인데, 리더십은 꿈을 심어주고 계획을 세우는 업무(envisioning task)와 교회의 전제를 설계하는 업무(modeling task)를 뜻하며, 관리는 실제의 계획을 세우고(planning task) 감독하는 업무(monitoring task)를 뜻한다. 그리고 경영이란 계획된 일들을 지원하는 업무(supporting task)와 향상시켜 주는 업무(enhancing task)를 뜻한다.[7]

여기서 목회행정의 첫 번째 분야인 '리더십을 통한 영향력'은 시스템을 구축하고 경영방법을 적용하는 데 있어서 큰 파급효과를 가져오기 때문에 무엇보다도 중요하다. 결국 선교적 교회를 세우기 위해서 선교적 마인드를 품고 있는 교회의 리더인 목회자의 존재와 역할이 매우 중요한 이유는, 리더십이 결국 사람을 움직이게 하는 영향력이기 때문이다.

2. 선교적 리더십

선교적 리더십을 논하기 전에 먼저 일반적인 리더와 리더십의 개념적 정의를 살펴보고 선교적 리더십인 영적이고 기독교적인 리더십과 비교하면서 정확한 이해를 가지고자 한다.

리더는 하나님께서 주신 역량과 의무를 다함으로써 추종자들로 하여금 그 집단을 향한 하나님의 목적을 이루도록 영향력을 행사하는 사람이다. 그리고 리더십이란 하나님의 선한 뜻을 이루기 위해 모인 한 집단에서 그분의 능력을 입은 인물들이 영향력을 행사하는 역동적인 과정이다.[8] 리더란 무슨 일을 먼저 행하는 사람 또는 먼저 이루는 자를 의미하며 앞서 나감으로서 선두자와 안내자의 역할을 한다. 그래서 리더의 본래 의미는 '그룹 앞에서 걸어가는 자'를 의미한다.[9]

또한 리더십이란 어떤 특정한 사람이 다른 구성원들에게 목표를 향해 나아가도록 영향력을 행사하는 것이며,[10] '인격과 성품'을 통하여 리더십을 발휘하는 과정이며,[11] '파워'를 가지고 영향력을 행사하는 것이다.[12] 이것은 리더십을 '관계'[13]로 보는 견해로 관계가 좋을수록 더 좋은 리더십을 기대할 수 있다. 최종적으로 리더십은 '영향력'[14]으로서 따르는 자들에게 영향을 끼쳐서 리더가 원하는 방향으로 움직이도록 하는 능력이다.

그러나 리더십이 성품이든 파워이든 관계이든 영향력이든 그것을 하나의 정체된 추상적 개념으로 이해해서는 안 되며, 리더십은 하나의 '과정'[15]으로 이해해야 한다. 하나의 고정된 개념으로 이해되는 것이 아니라 다양한 요소들이 이루어지는 과정 속에서 리더십이 세워질 수 있는 것이다.

여기서 선교적 리더십을 분명하게 이해하기 위해서는 세속적 리더십과 기독교 리더십의 차이점을 구분할 수 있어야 한다. 그러나 영적인 리더십과 일반 리더십을 지나치게 이원론적으로 구분할 필요가 없다. 일반 리더십 이론인 '특성이론, 행동이론, 상황이론'에서 나온 리더십 개념들 가운데서 얼마든지 배우고 수용할 긍정적인 요소들이 많이 있기 때문이다.[16]

다음 표는 오스왈드 샌더스의 세속적인 리더와 영적인 리더의 비교이다.[17]

세속적 리더와 영적 리더 비교

세속적(Natural) 리더	영적(Spiritual) 리더
스스로 자신함	하나님을 신뢰함으로 자신함
사람을 안다	또한 하나님도 안다
스스로 결정을 내린다	하나님의 뜻을 찾는다
야망적	겸손함
새로운 방법을 만들어 낸다	하나님의 본을 따른다
명령을 좋아한다	하나님께 순종하기를 기뻐한다
개인의 상급을 구한다	하나님과 사람을 사랑한다
독립적이다	하나님께 의존한다

영적 리더들의 활동 중심에 선교적인 요소들이 함축되어 있는 이유는, 교회의 본질이 선교에 있기 때문이며, 목회자가 가져야 할 선교적 리더십은 외부지향 구조(go-structure)와 내부지향 구조(com-structure)의 두 가지 경향을 통전적으로 융합할 수 있어야 한다.[18] 세속적 리더십과 영적 리더십의 중요한 차이는 리더십의 최종 목적에 선교적인 요소가 있느냐 없느냐 하는 점이다.

종합하면, 일반적 리더십의 기본 요소이다.

① 리더이고,
② 구성원이고,
③ 상황이다.[19]

그러나 선교적 리더십은 이 구성요소에 하나님이라는 요소가 하나 더 첨가된다. 하나님, 리더, 구성원, 상황이라는 함수이다.[20] 하나님은 선교적 리더십의 원천이다. 선교는 하나님으로부터 시작되는 것이며 리더십의 근원도 하나님이시며 하나님이 리더십의 권위를 부여하는 것이다. 그런 다음에 하나님의 사명을 감당하는 리더가 있고 공동체에서 하나님의 뜻을 같이 이루어가는 구성원들이 있으며 상황이 있는 것이다.

이 시대에 한국교회에 대한 안타까운 현실은, 지금까지 행정능력과 리더십을 영향력으로서가 아닌 주로 카리스마적으로 해결해 왔다는 점이다. 그런 현상유지가 당장에는 평안일지는 모르나 교회의 수준은 바로 떨어질 뿐이다.[21] 선교적 리더십은 성육신적인 겸손을 복음의 삶으로 실천하는 것이어야 한다.[22]

그럼에도 불구하고 오늘날의 교회 현장을 살펴보면 여전히 리더와 그 리더십의 문제로 인한 위기를 겪고 있다.

① 목회자의 권위주의이다.[23]
② 목회자의 무지무능이다.
③ 리더십의 결핍이다.[24]
④ 목회리더십의 귀족화 현상이다.[25]
⑤ 교회의 기업화이다.[26]

이처럼 목회자의 리더십에 잘못된 부분들이 깊이 뿌리 박혀 있다.

목회자의 리더십은 예수 그리스도를 통한 하나님 말씀을 세상에 선포하는 사람들의 공동체를 형성하고 그들을 준비시키기는 것이어야 한다.[27] 세상방식에서 하나님 나라의 방식으로, 경영에서 관계로, 권세에서 순종으로, 통제에서 질서로, 자기 중심에서 지기 비움으로 리더십이 전환되어야 한다.[28] 이처럼 리더십의 방향과 목적이 선교 지향적일 때 선교적 리더십이 발휘될 수 있다. 선교적 리더십의 개념을 종합하면 다음과 같이 나타낼 수 있다.

1) 외부 지향적인 사도적 리더십

사도적 리더십이란 교회를 뻗어 나가게 하고 교회를 개척하며 경계를 넘어서서 교회 너머에 있는 중요한 운동을 담당하는 리더십이다. 또한 교회에 미치는 문제들에 대한 하나님의 마음을 알고 공동체에 변화와 성장을 가져오는 리더십으로 선교적 영향력을 극대화하는 리더십이다.[29]

선교적 리더십의 발휘는 세 가지 측면에서 영향력을 끼치게 된다.

첫째, 개인적 입장에서 성령의 능력으로 예수 그리스도를 통해 십자가에서 증거 된 하나님의 사랑과 은혜를 깨닫도록 하는 것이다.

둘째, 교회와 관련해서 성도들의 은사 개발을 돕고 그들에게 적합한 책임과 권한을 부여하여 교회사역에 협력하도록 그들을 격려하고 동기를 부여하는 것이다.[30]

셋째, 세상과 관련해서 삶의 현장에서 변화를 일으키며 살아갈 수 있도록 영향력을 행사하는 것이다.

결국 선교적 리더십은 내부 지향적으로 신앙생활 하던 사람을 외부 지향적인 사람으로 살도록 이끌어감으로써 사람을 세워가는 것이다. 존 맥스웰(John C. Maxwell)은 "리더십에 있어서 긍정적이거나 부정적인 결과를 결정짓는 핵심적인 요소는 가장 가까이 있는 사람들을 얼마나 키워 주느냐에 달려 있다."[31]고 했다.

선교는 두 가지 중심요소를 포함한다.

첫째, 교회 안을 살피고 돌보며 인도하는 것이다.

둘째, 교회 밖의 세상을 살피고 반드시 돌보아야 할 자를 돌보고 인도할 자를 인도하는 것이다.[32]

종합하면 선교의 관심이 내부 지향적인 관점에서 외부 지향적인 관점으로 확대되어 사역의 장이 개교회 안에 머물지 않고 지역사회나 민족, 국가에까지 확대되는 것이다. 이를 위해 목회자가 시대의 문화적 상황을 이해하고 그리스도인이 교회 밖을 향하여 선교적 사명을 감당할 수 있도록 길을 개척하여 보여주는 것이 선교적 리더십이다.

이런 오늘의 시대적 요청은 모든 교회가 내부 지향적인 개교회주의와 대교회주의를 버리고, 안에서 밖으로 눈을 이웃과 세계로 넓히는 선교적인 사명을 의식하는 것이어야 한다. 이제는 교회의 궁극적인 목표와 목회사역의 주제를 선교적인 의식으로 분명하게 정립하고, 신자들이 교회 안과 밖에서 선교적 삶을 살 수 있도록 무장시켜야 한다. 이를 위해 목회자는 개인적으로 선교에 적극적인 관심을 보이고, 교회의 전체적인 프로그램을 선교 지향적인 방향으로 진행하여 교인들의 참여를 권장하는 데 강하고 효과적인 리더십을 발휘해야 한다.

2) 포스트모던 문화에 적합한 리더십

새로운 포스트모던의 세계 속에서 선교적 교회로 이끌어야 할 목회 리더십은 다음과 같다.

(1) **변화의 리더십이다**

헤이페츠(Ronald A. Heifetz)는 리더십을 '적응하는 일'의 문제이며,

적응이란 움직임, 변혁, 변화를 뜻한다고 하였다.[33] 이처럼 이 세상은 급하게 변화하고 있으며 목회환경 역시 새로운 리더십을 요구하고 있다. 물이 끓는 솥 안에 개구리를 넣어보면 위험하다는 것을 알고 개구리가 즉시 뛰어 나오지만, 서서히 물의 온도를 높이면 개구리는 그 상태로 있으면서 결국 죽게 된다.[34] 결국 변화에 적응하지 못하면 도태됨을 가르쳐 주고 있는 말이다.

포스트모던 시대의 목회자는 바르트(Karl Barth)가 말한 대로, 한 손에는 성경을 또 다른 손에는 신문을 들고 있어야 한다. 목회자는 영원히 변하지 않는 성경과 급변하는 신문(세상) 사이에서 이들을 연결시켜야 하는 사명이 있기 때문이다.[35] 여기서 중요한 것은 목회의 본질적인 것을 변화하는 세상에서도 계속적으로 유지하고 살려내는 일이다.

(2) 전문적 리더십이다

다원주의는 포스트모던 사회의 특징인 '허무주의, 상대주의, 다원주의' 중에 하나임을 이미 언급하였다. 포스트모던 시대의 교회 지도자는 다원화 시대에 맞게 복음을 다양한 방식으로 해석하고 전달해야 할 사명이 있음을 자각하고, 열린 마음으로 다양한 리더십을 개발해야 한다. 여기서 목회사역의 전문성이 요구되는 것이다.

거스타프슨(James Gustafson)은 "전문화가 결여 된 소명은 비틀거리고 비효과적이고 심지어 위험하기까지 하다."[36]고 했고, 홍영기는 "지도자의 탁월성은 하나님을 영화롭게 하고 사람을 감동시킬 수 있다."고 하였다.[37] 지도자는 자신의 분야에서 탁월성을 추구해야 한다. 급격한 변화의 소용돌이 속에서 다양한 문화에 노출된 현대인들은 돌봄을 필요로 하고 있기 때문에, 포스트모던 시대의 목회자는 치유와 목회적 돌봄뿐만 아니라 설교, 심방, 상담, 교육 등과 같은 목회의 기능에도 전문성을 가져야 한다.

(3) 감성적 리더십이다

골먼(Daniel Goleman)과 보이애치스(Richards Boyatzis)와 맥키(Annie Mckee)는 포스트모던 시대에 최고의 리더십은 감성적 리더십이라고 강조하였다.[38] 감성지능은 위대한 리더십의 도구이며,[39] 그 감성지능을 소유하는 것이 차세대 리더의 조건이라고 하였다.[40] 감성의 리더십은 목회자의 전인적 삶의 모습에서 발휘되는데 전인적 성품의 개발을 위해 육체적, 영적, 정신적, 사회적, 정서적 갱신이 이루어져야 한다.[41]

궁극적으로 이 리더십은 긍휼하심과 온유와 겸손, 그리고 섬김과 같은 예수 그리스도의 전 인성(全人性)에 기초해야 한다. 목회자는 스스로의 감성지수를 높여 감각 문화가 흐르고 있는 환경 속에서 상처입고, 소외되고, 고독해진 인간을 깊이 이해할 수 있어야 한다. 그 바탕 위에서 피폐해진 그들을 치유, 지탱, 인도, 화해, 성장케 하는 돌봄을 기초로 한 감성적 리더십을 개발하고 발휘해야 한다.

(4) 관계적 리더십이다

교회 리더십은 지도자가 이웃과의 관계와 교회 구성원들과의 관계뿐만 아니라, 다른 교회와 교파와의 관계를 위해 생명력 있는 신앙으로 사랑의 공동체를 창조할 수 있어야 한다. 예수님도 관계 속에서 제자들을 양육했고 복음을 전했으며, 사도 바울도 관계와 협력을 맺는 가운데 사역의 열매를 더 풍성히 거두었기 때문이다.[42] 포스트모던주의자들이 관계성을 중요시하는 이유는 도덕과 영적 가치의 연결 속에서 개인주의에 환멸을 느꼈기 때문이다.

사도행전에서 "복음을 그 성에서 전하여 많은 사람을 제자로 삼아 각 교회에서 장로들을 택하여 금식 기도하며 저희를 그 믿은 바 주께 부탁하고"(행14:21, 23)라는 말씀에서 지도자는 자기 혼자만이 아니라 다른 사람에게 일과 책임을 분담시키는 위임의 기술을 사용했고 이를 통하여 새로운 지도자를 계속적으로 세워나갔다.

교회를 맡고 있는 영적 지도자라면 자신의 비전과 계획을 이루는 데 혈안이 될 게 아니라, 자신이 목양하는 성도들의 삶에 관심을 가지고 온 힘을 기울여야 한다. 그럴 때 교회도 건강해지며 은혜도 충만해진다.[43] 성도들과의 진심어린 관계형성으로 소통이 밀접하게 이루어지면 안정적으로 교회를 이끌 수 있다.

(5) 영적 리더십이다

포스트모던 시대의 목회자들에게는 영적 리더십이 더 강화되어야 하는 이유는, 이 시대가 영적인 분야에 더 관심이 높기 때문이다. 오스왈드 샌더스(Oswald Sanders)에 따르면 영적 지도력이란 성령의 사역이며, 하나님 한 분만이 수여하실 수 있는 것이다.[44] 그러므로 목회자가 영적 리더십을 발휘하기 위해서는 먼저 성령님과의 깊은 교제가 선행되어야 한다.

또한 사회의 세속화 문제에 직면한 상황에서는 더욱 영성목회가 필요하다. 일차원적 존재, 소유 지향적인 존재, 행동주의적인 존재, 육감적인 존재, 생산과 소비의 구조에 갇힌 존재가 된 세속화된 사회의 현상이 영성목회를 필요로 한다.[45] 이를 위하여 초대교회 사도들이 말씀과 기도에 전무하면서 영적 성품을 개발하고 영적 리더십을 강화하여 영향력을 발휘한 것처럼 포스트모던 시대의 목회자들도 말씀과 깊은 기도로 영적 리더십을 준비하고 행사해야 한다.

(6) 섬김의 리더십이다

이 개념은 자기 중심에서 자기 비움으로 리더십이 전환되어야 함을 보여주는 것으로서, 목회자가 자신의 야욕을 내려놓는 것을 뜻한다. 목회자가 이루고 싶은 일은 최소화하고 하나님이 교인들을 통해 이루고자 하시는 일은 최대화시켜야 한다.[46] 섬기는 리더십을 발휘하기 위해서는 섬기는 사람들의 유익을 최우선으로 해야 하며, 교인들의 마음과 생각에 사랑과 인내와 온유와 지혜를 달라고 중보하며, 그들의 꿈과 소망에 귀를 기울이고 그 목표에 다가서도록 곁에서 도와주는 사람이다.[47] 결국 섬김의 리더십은 나 중심이 아니라 철저하게 타인 중심이 되어야 한다.

3) 선교적인 삶이 내재된 리더십

목회자가 선교적인 리더십을 통하여 제자들을 만들고 증가시키려면 '예수님이 사셨던 것처럼 살기, 예수님이 사랑하셨던 것처럼 사랑하기, 예수님이 남기셨던 것을 남기기'의 삶이 반드시 수반되어야 한다.[48] 예수님이 첫 제자들을 부르셨을 때 그는 제자들이 그때까지 알고 있었던 것과는 전혀 다른 생활방식으로 살 것을 요청하였다. "나를 따라 오너라"(막 1:17)는 간단한 초대로 시작된 일은 거부할 수 없는 명령이 되었다.

오늘날 많은 사람이 그리스도인이라고 자처하는 사람들 때문에 오히려 교회를 거부하는 현상들이 나타나고 있다. 이것은 기독교인들이 믿고 말하는 대로 살지 않기 때문에 점점 더 세상이 기독교에 무관심한 것이다. 특히 교회 지도자들은 예수님이 사셨던 것과 같은 삶을 따라야 한다.[49] 그럴 때 비로소 제자들이 예수님의 삶을 따랐던 것처럼 성도들이 예수님처럼 살아가는 지도자들의 리더십에 순응하게 되는 것이다.

어느 교회에서나 교회내의 리더십의 위치는 매우 중요하다. 유일한 지도자는 예수 그리스도이지만 그분의 몸 된 교회를 그분의 마음에 합하게 유기체적으로 이끌어가면서 선교적 사명을 구체적으로 실현해 나가기 위해서는, 무엇보다도 삶이 함께하는 리더십이 절실히 요청된다. 이런 리더가 되기 위해서는 먼저 자신의 경건과 삶을 항상 견주어 깨어 있어야 하며, 자신을 철저하게 하나님께 드려야 한다. 선교적 리더는 다른 사람에게 책임을 묻기 전에 먼저 자신이 책임을 다하고 책임을 지고자 하는 사람이다.

선교적 교회를 세우기 위한 목회는 가난한 교회를 지향하는 목회이며, 없어서 가난한 것이 아니라 나눠주고 영혼구원에 헌신하기 위해 가난해지는 것을 말한다. 즉 성육신하신 그리스도의 삶을 이행하는 선교적인 삶을 의미한다.[50] 바울은 이 같은 리더의 자질을 잘 묘사하고 있다.

> 책망할 것이 없고 한 아내의 남편이며 방탕하다 하다는 비난을 받거나 불순종하는 일이 없는 믿는 자녀를 둔 자라야 할지라. 감독은 하나님의 청지기로서 책망할 것이 없고 제 고집대

로 하지 아니하며 급히 분내지 아니하며 술을 즐기지 아니하며 구타하지 아니하며 더러운 이득을 탐하지 아니하며 오직 나그네를 대접하며 선을 좋아하며 신중하며 의로우며 거룩하며 절제하며 미쁜 말씀의 가르침을 그대로 지켜야 하리니 이는 능히 바른 교훈으로 권면하고 거슬러 말하는 자들을 책망하게 하려 함이라(딛 1:6-9).[51]

위의 내용에서 나타난 감독은 리더를 의미하는데, 리더는 신앙적으로나 도덕적으로나 인격적으로 책망할 것이 없어야 됨을 강조한다. 이처럼 바울이 강력하게 권면할 수 있었던 것은, 바로 그의 삶이 지도자로서 다른 사람들에게 책망 받지 않을 만큼의 신앙적 영적 인격적으로 리더로서 삶이 뒷받침해 주는 자질이 갖추어져 있었기 때문에 가능했다. 이처럼 바울의 리더적 자질은 바로 선교적인 삶이 있는 리더십이었다.

또한 바울의 동역자인 브리스가와 아굴라 부부가 바울의 목숨을 위하여 자기들의 생명까지도 내놓은(롬 16:3-4) 사건은, 바울의 선교적인 삶이 있었기 때문에 나타난 열매이다. 결국 성도는 목회자의 선교적인 삶을 보면서 자신도 선교적 교회를 위해 희생을 마다하지 않는 진정한 동역자가 되는 것이다.

궁극적으로 선교적인 삶이 있는 리더십을 발휘하려면 예수님이 자기의 사람들을 지극히 사랑한 것처럼(요 13:1), 바울이 그의 성도들을 친자식을 대하듯이 사랑한 것처럼(갈 4:19; 살전 2:8) 해야 한다. 선교적인 삶이 있는 리더가 되려면 사람을 깊이 사랑하는 목회를 기반으로 그의 리더십을 발휘해야 한다. 이 시대의 교회는 바로 이런 리더십을 요구하고 있다.

3. 관리 시스템

어떠한 조직체를 막론하고 그 공동체의 질서유지와 발전을 위해서는 협력이 필요하다. 뿐만 아니라 복잡한 현대교회의 절실한 요청이 조직 관리의 활성화임에도 불구하고, 교회는 신앙생활에 경건을 앞세우고 교회 조직 관리는 불경건한 행위로 오인하여 외면 또는 무관심해 온 것이 사실이다.

현대교회는 아무리 적은 교회라도 당회, 직원회, 교회학교, 남여전도회, 구역회, 다양한 소그룹 등의 복잡한 조직을 가진다. 나누어진 조직은 많은 기교 또는 치밀한 계획의 통솔과 관리가 필요하다. 관리에 소홀하거나 잘못하면 교회본질의 선교적 사명을 성취하는 데 있어서 오히려 장애요소로 전락하는 것이 목회적 현실이다.

일반 행정관리의 대표적인 학자 페이올(Fayol)은 1916년 "산업 및 일반관리"(Industrial & General Management)라는 논문에서 다음 표와 같이 PO3C라는 관리의 개념을 제시하고 있다.[52]

관리의 개념

계획의 수립 (planning)	미래를 예측하고 활동방향을 설정하는 것
조직 (organization)	기업의 인적. 물적 자원에 대한 체계를 구성하는 것
명령 (command)	구성원들로 하여금 직무를 수행하도록 하는 것
조정 (coordination)	모든 행위와 노력을 이어주고 통합시키는 것
통제 (control)	정해진 규칙과 명령대로 행해지고 있는지 살피는 것

앞의 다섯 개 표에 정리된 바와 같은 다섯 개의 관리직능이 효과적으로 작동되도록 하기 위하여 갖추어야 할 제반 특성과 조건들은 다음과 같다.[53]

첫째, 계획수립으로 미래에 대한 대책을 수립하는 등의 예측을 포함하며, 효율적 계획수립을 위한 네 가지 조건은, 통일성, 계속성, 탄력성, 정밀성이다.

둘째, 조직화로 효율적인 조직화를 위한 16가지 조건들로서 계획의 효과적 수립 및 집행, 조직의 목표와 자원의 부합, 업무의 철저하고 효과적인 추진과 일원화, 행동일치 및 인력조정, 정확한 의사결정, 적정인력의 채용 및 배치, 명확한 업무정의, 자발성과 책임성 제고, 공정, 적절한 보상, 잘못에 대한 적절한 책임추궁, 기강확립, 조직이익의 우선, 명령일원화, 물적·사회적 질서 유지, 통제체제 확립, 규칙·서류의 남용방지 및 관료적 형식주의를 경계한다.

셋째, 명령으로서 효과적 명령발동이 이루어지도록 하기 위해 책임자가 갖추어야할 8가지 조건들은, 부하들에 대한 충분한 지식 및 정보 소유, 무능력자 배제, 기업 대 근로자 간의 협약내용 숙지, 모범적 행동, 일람표 등의 활용을 통한 정기적 조직점검, 주요 관련 업무 관련자들과의 정기적 회합을 통한 업무조정, 세부사항 집착회피, 부하들이 적극성. 자발성. 헌신성을 발휘할 수 있도록 동기를 부여하는 것이다.

넷째, 조정으로서 조직의 분화된 활동들을 조직 전체의 차원에서 조화시키는 것이다. 이 조건은 각 부분들이 타 부문들과 정확한 정보의 상호 교류를 통하여 각 부분의 작업이 주어진 상황에 잘 부합되어야 한다.

다섯째, 통제로서 효율적인 통제의 조건은 신속이 이루어져야 하고,

기업업무에 대해서 지나친 통제는 제한되어야 한다.

관리라는 것은 목적을 향하여 개개의 모든 활동이나 노력을 통합시키는 일련의 작업이다. 교회에서의 관리는 성직자와 평신도들이 한 방향으로 운동을 용이하게 하도록 하는 것을 포함한다. 나아가 관리는 교회 조직체나 교회의 하부조직에 대한 영적이며 조직적인 리더십을 마련하는 기능을 포함하고 있다.[54] 이런 면에서 관리 행정은 마치 신호등과 같다. 수많은 자동차들이 복잡한 교차로에서 각자의 목적을 향해 방향을 잡으려고 할 때 누가 무엇을 언제 어디서 어떻게 왜 해야 하는지를 안내하는 역할이 곧 관리행정이기 때문이다.

목회자는 언제나 예언자적 사명, 제사장적인 역할과 더불어 왕적인 역할을 수행해야 하는데,[55] 여기서 왕적인 기능은 관리적인 역할을 의미하며, 이것은 교회의 목회자가 최고 관리자임을 말해 주고 있다. 일반 행정에서도 귤릭은 "조직이론에 관한 소고"라는 논문을 통해 최고 관리자가 수행해야 될 7가지 기능인 'POSDCORB' 이론을 제시했다.[56]

'POSDCORB'는 계획, 조직, 인사, 지휘, 조정, 보고, 예산 등 최고관리자(chief executive)의 7가지 기능을 나타내는 영문의 머리글자를 따서 고전 이론가들이 합성한 단어이다.

최고관리자의 기능

최고관리자의 기능							
계획	조직	인사	지휘	조정	보고	예산	

POSDCORB 이론은 비록 암묵적으로 윌슨의 정치행정이원론을 요약하고 있다. 그리고 조직목표 달성을 위한 수단 및 도구로서 계층제

와 분업 및 최고관리자에 의한 조직통제 등을 강조하고 있으며, 능률성을 조직활동의 최고 가치로 삼고 있다. 지금까지 관리에 대한 일반적인 개념적 이해와 요소, 그리고 적용단계들을 살펴보았다. 이것은 교회에서 효율적인 목회행정 전략으로 시행하고자 할 때 응용할 수 있는 내용이다.

관리의 구조라 할 수 있는 시스템 구축에서 조직은 하나의 시스템이다.[57] 조직의 목적 달성을 극대화하기 위해서는 전체적인 관리 시스템이 확립, 조율되어 조직 내의 인적, 물적 자원이 충분히 활용될 수 있어야 한다.[58] 이런 이론적인 근거와 바탕 위에서 선교적 교회를 세우기 위하여 어떻게 시스템을 구축할 것인가가 목회자와 교회에 주어진 과제이다.

4. 경영 적용

교회경영은 교회의 본질적 기능과 사명을 바르게 회복하게 하는 역할을 수행해야 하기 때문에, 교회의 본질과 사명을 완수하고 교회의 목표를 극대화하는 데 경영의 존재 의의가 있다. 단순한 세상적 기술이 아니라 하나님의 뜻을 교회를 통해 성취할 수 있도록 도와줌으로써 교회가 참다운 교회로서의 기능을 수행할 수 있도록 하는 데 목적을 두고 있다.[59] 여기서 교회경영의 중심에 있는 목회자는 교회경영에 대한 의식, 목적, 전략이 분명하게 정리되어야 한다.

1) 경영에 대한 의식 변화이다

오늘날 교회에도 경영의 개념이 적극적으로 도입되고 있으며, 교회를 기업 경영적 입장에서 바라보는 흐름이 커지고 있다. 기업의 리더십이론이 목회에 적용되고 교회 컨설팅을 도입하는 교회들이 확산되고 있다. 최근에 "교회는 영적 기관이며 비영리 조직인데 영리가 목적인 경영이론이 무슨 필요가 있느냐"라며 부정적 시각으로 생각하던 한국교회의 분위기가 놀랄 만큼 바뀌고 있다. 이 현상은 국내뿐만 아니라 미국에선 1,200여 개의 '메가 처치'를 중심으로 경영학적 연구가 매우 활발하게 움직이고 있다.[60]

이런 흐름은 포스트모던 시대에 접어들면서 긍정적으로 받아들여지고 있다. 교회도 하나의 조직체이므로 조직의 문제를 다루는 일반 경제, 경영학 이론을 받아들여 활용할 필요가 있다.[61] 교회의 속성인 신앙공동체와 조직공동체는 두 사람 이상이 모여 있는 조직체이기 때문에 경영의 기법이 필요하다. 중요한 것은 만일 경영이 목회자 자신의 권위를 세우고 편리를 위하고 물량적으로 확대되어 목회자와 교회의 지위를 과시하기 위한 것이라면 그것은 애초부터 잘못된 것이다. 그러나 현실적으로 이런 잘못된 모습들이 너무나 비일비재하기 때문에 교회경영이란 용어 자체에 오해와 거부감을 갖는 원인이기도 하다.

2) 교회경영의 목적이다

경영자는 관리의 책임을 부여받은 청지기로서 주인을 위해 일하는 사람이다. 따라서 주인의 뜻을 바로 이해하고 주인이 원하는 일을 합당하게 처리하여 주인을 기쁘게 해야 할 책임이 있다. 하나님이 인간을 지으시고 에덴을 관리하는 권리와 의무를 부여하였을 때부터 인간은 청지기 곧 경영자로 인식되었다.[62]

경영이란 개념이 결코 합리주의나 인본주의적 목회방식이 아니라는 것이다. 근래에 교회에 무분별하게 도용되는 경영학적 운영방식은 목회의 본래적 의미를 흐리고 있으며, 교회를 '섬김'의 대상이 아닌 '경영'의 대상으로 오인하게 만드는 잘못을 범하고 있다. 그리고 이런 잘못된 도입으로 인해 사랑보다는 합리성과 효율성을 더 중요시하게 되었다. 그로 인해 교회의 본질에서 벗어난 비본질적인 주제들이 오히려 확산되는 잘못된 현상까지 나타나고 있다.

그럼에도 불구하고 이 책에서 조직경영이란 주제를 목회에 적용하려고 하는이유는 목회행정의 전략적 조직경영의 목회적 적용이 필요하기 때문이다. 먼저 경영의 잘못된 목회적용방식을 시정하고자 함이며, 목회현장에서 발생하는 비효율을 최소화하여 더욱 하나님의 일이 활력 있게 전개될 수 있는 기반을 놓고자 함이다.

여기서 합리성에 대한 논의가 다시 한 번 진행되어야 하는데, 미리 밝히는 것은 하나님의 뜻이 언제나 합리적인 것이 아니며, 또한 하나님의 뜻이 언제나 비합리적인 것도 아니라는 것이다. 하나님의 뜻은 합리성과 비합리성으로 판단될 것이 아니라 성령의 감동과 조명, 그리고 성경을 통해 드러난다. 따라서 하나님의 뜻을 이 땅에 실현해야 할 책임을 가진 목회자는 언제나 말씀과 기도를 통한 성령의 조명과 인도를 따라가기 위해 항상 깨어 있어야 한다. 이런 점에서 합리성이라는 문제는 목회에 있어 이차적인 문제가 된다.

그렇다고 교회가 비효율적인 방식으로 운영되어야 하는 것은 아니다. 성경은 "범사에 헤아려 좋은 것을 취할 것을"(살전 5:21) 권면하고 있다는 점을 고려한다면 굳이 교회가 비효율적인 운영방식을 고집해야 할 이유는 없다. 다시 말해 교회는 효율적 운영방식을 추구하는 것이 지혜이다.

3) 교회경영의 전략이다

목회자는 성령의 감동과 성경을 통해 교회를 경영해야 한다. 참된 교회는 목회자가 교회의 주인은 자기가 아니라 하나님 한 분뿐이시라는 진실한 고백을 토대로 하나님의 말씀에 바탕을 둔 경영을 하는 것에 있다.[63] 이때 경영방식에 있어서 좀 더 효율적인 방식을 추구할 수는 있다. 그러나 만약 효율성이 성경과 복음의 가치와 충돌할 경우 이 효율성은 과감하게 제거되어야 한다. 교회의 최고 경영자는 하나님이시다. 목사든지 장로든지 집사든지 그들은 모두 하나님을 위해 일하는 종이다. 하나님은 '궁극적인 경영자'(ultimate manager)이시다. 그러므로 목회자는 교회의 주인은 하나님이시요, 교회의 통치자는 바로 예수 그리스도라는 의식을 가져야 한다.[64]

이 책은 이런 전제 하에 선교적 교회를 세워가고자 할 때 목회행정의 경영방식을 도입하여 적용하는 것이 가장 실제적인 방안임을 강조하고 있다. 미국 카손벨리교회의 존 잭슨(John Jackson) 목사의 『교회를 경영하라』는 책에서 포스트모던 시대에 목회자들이 불확실한 미래에 효과적으로 대처할 수 있는 5가지의 목회행정의 전략적 사고를 제시해 주고 있다

첫째 전략, 지역사회의 관심을 끌어라.
둘째 전략, 전략적 파트너십을 구축하라.
셋째 전략, 신앙을 심어주는 행사를 기획하라.
넷째 전략, 사람들이 자신의 재능을 사용하도록 만들어라.
다섯째 전략, 복음의 영향력을 증대시켜라.[65]

교회경영이 교회의 본질이나 목회의 본질이 아닌 것은 분명하다. 하지만 그 본질들을 바르게 세우기 위한 행정과 관리와 운영의 요소이기 때문에, 목회자는 지혜롭게 교회를 경영하고 운영할 책임이 있다. 이 시대에 목회자도 CEO가 되어 전략적 사고를 통해 교회와 개인의 삶을 선교적인 실천과 삶이 있는 방향으로 이끌고 나갈 수 있어야 한다.

이런 관점에서 교회경영은 한마디로 목표(objective)를 실현하기 위해 존재한다. 목표는 가치(value)의 실현이며 가치 가운데서도 가장 핵심적인 가치를 실현하는 것이다. 교회는 여러 가지 핵심가치를 가질 수 있지만, 그 가운데 가장 중요한 핵심가치는 교회를 통해 하나님의 뜻을 실현하고 하나님 나라의 삶을 이룩하는 것이다.[66] 그러므로 경영을 통한 선교 지향적인 목회를 하기 위해서는 교회에서도 일차적으로 경영방식을 적용할 수 있어야 한다.

결국 선교적 교회를 세우는 데 있어서 행정과 경영의 방식을 도입하는 리더십이 요구된다. 이 말은 행정과 경영의 차이점에도 불구하고 다음과 같은 중요한 공통점이 있기 때문이다.

① 목적달성을 위한 관리 기술이라는 관점이다. 행정과 경영
   이 추구하는 목적은 차이가 있으나 그 목적을 달성하려는

수단으로서의 관리 기술이란 면에서는 유사하다.
　② 집단적 행동을 유발시킨다는 점이다.
　③ 의사를 결정하는 과정이다.

　행정이나 경영은 가능한 많은 대안 중에서 최선의 대안을 선택, 결정하는 의사 결정과정이고, 선택의 기준을 합리성과 능률성 등에 우선순위를 둔다는 점에서 유사하다.

미주

1 박경완,『교회행정』(서울: 일정사, 1988), 22.
2 Alvin J. Lindgreen,『교회개발론』, 박근원 역 (서울: 대한기독교출판사, 1985), 19-20.
3 Ibid. 51.
4 Linggreen,『교회개발론』, 9.
5 김득용,『현대교회 행정학 신강』, (서울: 총신대학출판부, 1995), 20.
6 Linggreen,『교회개발론』, 23.
7 이성희,『교회행정학』(서울: 한국장로교 출판사, 2008), 24-29.
8 최동규,『목회학 개론』(2014), 156.
9 강신권,『21세기를 향향 리더십』(서울: 쿰란출판사, 1996), 30.
10 이성숙,「바울의 선교적 리더십에 관한 연구」(장로회신학대학교, 신학석사 논문, 2006), 4.
11 위렌 베니스 & 버트 나우스,『리더와 리더십』, 김원석 역 (서울: 황금부엉이, 2006), 11.
12 신성주,『타문화 선교리더십』(서울: 생명의 양식, 2009), 39.
13 박보경,『선교와 여성』(서울: 장로회신학대학교 출판부, 2008), 39.
14 김광건,『영적 리더십의 새로운 패러다임』(서울: 웨스트민스터출판부, 2005), 27.
15 Ibid., 28.
16 명성훈,『창조적 리더십』, 23.
　　1) 특성이론(Traits Theory) : 지도자는 어떤 특성과 자질을 가지고 있다.
　　2) 행동이론(Behavior Theory) : 리더가 다양한 상황 속에서 추종자들과의 관계 속에서 무엇을 행하였는지를 관심 갖는 것이다.
　　3) 상황이론(Contingency model) : 리더의 자질과 행동보다 리더십의 상황에 관심을 갖는 것이다.
17 오스왈드. 샌더스,『영적 지도력』, 이동원 역 (서울: 요단출판사, 1994), 38.
18 이후천,『현대 선교학의 이슈들』(서울: 대한기독교출판사, 2008), 318.
19 로버트 크린턴,『영적 지도자 만들기』, 이순정 역 (서울: 베다니 출판사, 2005), 196.
20 김덕수,『리더십 다이아몬드』(서울: 두란노 아카데미, 2008), 41.
21 손병호,『교회행정학 원론』(서울: 도서출판 그리인, 2004), 176.
22 최형근, "한국적 상황에서의 선교적 교회론,"「한국선교 KMC」3권(2003), 35.
23 게리 콜린스,『파워 리더』, 최예자 역 (서울: 도서출판 프리셉트, 2001), 65-224.
24 존 맥스웰, "차세대를 위한 지도력 변혁의 원리와 전략,"「목회와 신학」,(1994. 7), 82-83.
25 김종열, "한국교회의 귀족화 현상,"「기독교사상」(1993, 6), 39.
26 디트리히 본 훼퍼,『나를 따르라』, 허역 역 (서울: 대한기독교서회, 1995), 25.
27 김주덕, "선교적 교회 목회자 만들기,"「선교신학」제25권 (2010), 270.
28 닐콜 펄 헬퍼,『교회 트랜스 퓨전』, 190-211.
29 마이클 프로스트 & 앨랜 허쉬,『새로운 교회가 온다』, 307.
30 주상지,『리더십 개발의 12가지 열쇠』(서울: 서로사랑, 2000), 35-36.
31 존 맥스웰,『당신 주위에 있는 사람을 키우라』, 임윤택 역 (서울: 두란노, 2004), 12.
32 홍기영 외 20인,『선교학 개론』(서울: 대한기독교서회, 2004), 64-66.
33 윌리암 윌리몬,『21세기형 목회자』(서울: 한국기독교 연구사, 2004), 375-376.
34 신성종외 17인,『이런 목회자가 교회를 변화시킨다』(서울: 도서출판 하나, 1995), 11.

35 Ibid., 12.
36 도널드 메서,『새시대 새목회』(서울: 기독교대한감리회 홍보출판국, 2001), 115.
37 홍영기, "한국교회의 새로운 리더십과 신학적 과제," 36.
38 대니얼 골만 & 리차드 보이애치스 & 애니 미키,『감성의 리더십』, 정성훈 역 (서울:청림, 2005), 21.
39 Ibid., 70.
40 Ibid., 72-73.
41 명성훈,『창조적 리더십』(서울: 서울서적, 1993), 117-166.
42 정원범,『21세기 리더십과 목회』(서울: 한들출판사, 2005), 153-157.
43 닐콜 & 필 햅퍼,『교회 트랜스퓨전』, 197-198.
44 오스왈드 샌더스,『영적 지도력』, 24.
45 신성종외 17인,『이런 목회자가 교회를 변화시킨다』, 275.
46 오스왈드 샌더스,『영적 지도력』, 209.
47 닐콜 & 필 햅퍼,『교회 트랜스퓨전』, 210.
48 에드스테처 & 데이비드 푸트만,『선교암호 해독하기』, 110-115.
49 Ibid., 112.
50 이강천,『2000년대는 한국교회 선교시대』(서울: 두루선교격려회, 1999), 81.
51 황희섭,『크리스챤 리더십』(서울: 한국로고스 연구원, 1999), 203.
52 Henri Fayol, *Administration Industrielle et Generale* (Paris : Dunod, 1979), 4-5.
53 Ibid.
54 Linggreen,『교회개발론』, 138.
55 Ibid., 139.
56 Luther Gulick, "Notes on the Theory of Organization," the Luther Gulick and Lyndall Urwick eds., 13. Ibid. .45-150에서 재인용. POSDCoRB는 기획(Planning)・조직(Organizing)・인사(Staffing)・지휘(Directing)・조정(Coordinating)・보고(Reporting)・예산(Budgeting)의 영어문장의 머리글자를 따서 만든 용어이다.
57 체제(system)란 상호 관련되고, 상호 의존적이며, 상호 작용하는 요소들의 집합이라고 할 수 있다.
58 Fremont E. Kast and James E. Rosenzweig, *Organization and Management* (New York :McGraw-Hill, 1984), 111-113.
59 양창삼,『교회경영학』(서울: 엠마오, 1996), 23.
60 존 잭슨,『교회를 경영하라』, 김승환 역 (서울: 한언, 2006), 18.
61 양창삼,『교회경영학』, 20.
62 O. Hendrix, *Management of Christian Worker* (Libertyville, 1976), 19.
63 방선기,『기업경영과 하나님 나라』(서울: 엠마오, 1994), 18.
64 양창삼,『그리스도인의 신앙생활 어떻게 할 것인가』(서울: 풍만, 1991), 33.
65 존 잭슨,『교회를 경영하라』, 25.
66 Ibid,, 57.

제 7 장
선교적 교회의 사역

1. 비전의 개발

　교회의 본질은 하나님의 선교로서 그분의 선교가 없으면 교회는 없는 것이며 하나님의 선교가 먼저이고 교회는 그 결과물이다.[1] 하나님의 선교개념은 성경과 교회 전통 가운데 잠재해 있던 것으로 선교는 하나님이 하시는 것이기에 교회는 선교의 주체가 아니다. 오히려 하나님이 선교를 하시는 주체이며, 교회는 하나님이 세상을 향해 선교를 하는 데 도구로 사용된다.

　기존의 교회 중심적인 선교관은 선교를 교회의 한 부속적 임무나 도구로 생각하거나, 그래서 자기 교파의 교회를 선교지에 이식하고 자기 교파를 증식하는 것으로 이해하였다.[2] 그러나 이제는 교회의 본질이 선교에 있고 이 선교를 주도하는 것이 교회가 아니며 삼위일체 하나님임을 인식하고 받아들이게 되었다.³ 결국 하나님의 선교란 선교가 하나님께 속한 활동임을 이해해야 한다.

이런 관점에서 하나님의 선교는 사람의 비전이 아니라 하나님의 비전이요 소원이다. 중요한 것은 분명한 비전을 가지고 있는 교회가 공동의 목표를 가지고 있지 않는 교회보다 성공할 가능성이 높다는 사실이다. 그러므로 선교적 교회를 세우기 위해서는 목회자와 평신도가 함께 하나님의 선교에 대한 공동의 비전을 공유하는 과정이 반드시 필요하다. 때문에 선교적 비전을 가진 지도자는 교회가 어떻게 선교적 교회로 전환할 수 있는가에 대한 끊임없는 연구와 고민을 할 수 밖에 없다. 그렇다면 여기서 교회에서 실행할 수 있는 하나님의 선교에 대한 비전을 세우는 방안들을 살펴보고자 한다.

1) 하나님의 선교에 참여하는 것이다

선교적 정체성을 기본으로 비전을 공유하는 것은 교회의 효과적 사역을 위해 중요하다. 이런 교회는 분명한 사역의 목적과 비전이 있으며 하나님의 선교 목적을 이루기 위해 자기 변혁을 두려워하지 않는다.⁴ 이런 교회들은 끊임없이 자신에게 두 가지 질문을 한다. 우리 교회를 향한 하나님의 목적은 무엇이며, 그리고 이곳에 하나님의 사역을 효과적으로 수행하기 위해 우리는 무엇을 해야 하는가이다.⁵ 이 두 가지 질문에 대한 해답은 선교적 정체성, 공동의 목표, 공동의 비전을 품는 것이다.⁶ 결국 하나님의 선교란 교회의 정체성과 목표와 비전을 포함하는 개념이다.

2) 세상을 위한 하나님의 선교이다

데이브 다우버(Dave Dauber)는 말한다.

> 하나님은 세상을 섬기기 위해 교회를 부르시고, 자신의 선교를 위해 지원군을 필요로 하시며, 하나님 자신의 꿈을 이루기 위해서 당신의 교회와 우리를 부르고 계신다.[7]

그러므로 교회는 부르심의 목적을 위하여 세상을 섬기고 구원하는 하나님 나라의 확장을 위한 몫을 감당해야 한다. 동시에 하나님께서 세상과의 화해를 증거하도록 다시 교회를 세상으로 보내신다는 것을 명심해야 한다.

3) 공동의 목적이다

모든 교회는 자신들의 사명을 분명히 하기 위해 교회의 '목적선언'을 정해야 할 필요가 있다. 이 목적선언은 하나님이 우리에게 무엇을 하라고 하시는가라는 질문에 대한 해답이 되어야 한다.[8] 이 목적선언은 서술형보다는 간결하고 쉽게 반복할 수 있어야 하며 일종의 교회의 '비전선언문'이라 할 수 있다.

4) 공동의 비전이다

한 교회의 비전은 목적선언을 통해 발전되어야 한다. 비전을 형성하는 것은 교회가 이 지역에서 사역을 행했을 때 무슨 일이 일어날 것인가라는 질문에 대답하는 과정이다. 교회의 공동비전을 형성하기 위해서는 교회가 속한 지역사회에 대한 광범위한 이해와 연구가 필요하다.[9] 여기서의 핵심적인 질문은 하나님의 관심이 무엇인가에 대한 분별의 문제와 함께 하나님이 하시고자 하는 일은 무엇인가에 대한 사역계획의 문제를 끌어 안아야 한다. 그런 다음에 선교적 계획을 세우고 선교적 전략을 수립해야 한다.

공동의 비전을 만들기 위해서 교회는 가능한 많은 교인들이 참여하는 비전 형성과정을 진행하되 비전 형성을 담당할 사람을 선정할 때는 몇 가지가 충족되어야 한다. 교회를 잘 알고 있는 자, 회중으로부터 존경을 받는 자, 나이와 성별과 삶의 배경의 다양함, 영적으로 성숙하고 예배와 사역에 충실한 자, 기존의 틀 밖에서 사고할 수 있는 자 등이다.[10] 그런 다음 이들과 함께 모임을 가지고 대화하면서 계획을 세우는 실행방안을 마련해야 한다.

여기서 중요한 것은 공동체가 비전을 공유하기 위해서는 리더가 가진 비전을 전달하고 심어주는 방법론적인 지혜가 필요하다. 일반 기업에서도 비전을 공유하기 위하여 보편적으로 사용하고 있는 방식이 소통이다.

교회라는 조직 내에서도 전략적 관점에서 다음과 같이 소통의 문제점을 인식하고 소통의 활성화를 추진할 필요가 있다.

① 리더는 간결하고 핵심적인 메시지로 정확하게 정보를 제공하라.
② 긍정적인 피드백을 적절히 사용하여 직원과 소통하라.

③ 개인, 부서, 이기주의를 타파할 수 있는 공동의 목표를 제시하라.
④ 직원들의 제안에 대해 끝까지 경청하고 신중하게 판단하라.
⑤ 직원들의 고충을 우선적으로 파악하고 이해하라.
⑥ 칭찬과 격려로 리더의 긍정적 감성을 전염시켜라.[11]

이와 같은 과정을 통해서 하나님의 선교가 교회 중직자들에게만 아니라 모든 교인들에게 교회의 공동의 비전이 심어지도록 해야 한다.

2. 평신도훈련

선교적 교회를 세우는 사역 중에 반드시 실행되어야 하는 요소는 평신도를 제자화하는 방안이다. 불신자가 신자가 되고 신자가 예수님의 참 제자로 변화되며 다시 사역자로 성장해 가는 훈련과정은 너무나 중요하다. 이 훈련의 과정은 한 순간의 이벤트나 프로그램으로 완성되는 것이 아니라 점진적인 것이다.

예수님의 제자훈련은 바로 이런 개념을 실제적으로 보여준 실례가 될 뿐만 아니라, 사도 바울의 사역 중에서도 이런 점진적이고 종합적인 훈련을 보여준다.

빌 헐(Bill Hull)도 제자화를 일련의 과정으로 설명하고 있다.

첫째, 불신자를 구원으로 인도하는 구조단계(deliverance)이다.

둘째, 구원받은 성도를 훈련시켜서 성장시키는 성장단계(development)이다.

셋째, 훈련받은 성도들을 사역의 현장에 배치하는 단계(deployment)이다.[12]

최근의 목회 패러다임에서 강조되는 목회양상은 다음의 표와 같다.

목회 패러다임의 변화 양상[13]

FROM	TO
현상유지	선교
교인수(Membership)	제자도(Discipleship)
목회자 중심	평신도와 동역
예배당(자신)	환대(타인)
자신에게 관심	세상(세계)에 관심
교착된 체제와 전통	파송된 하나님의 백성

위의 표에서 알 수 있듯이 선교적 교회로의 전환을 위한 선교적 목회 패러다임의 변화 중의 한 요소가 바로 제자도(discipleship), 즉 제자를 세우는 사역이다. 제자의 정의에서 달라스 윌라드(Dallas A. Willard)는 "제자란 그리스도처럼 되겠다는 의지와 그래서 그분의 믿음과 실천 안에 거하겠다는 의지를 품고서, 자신의 일상사를 그 목표에 맞추어 체계적이고 점진적으로 재조정하는 사람이다."[14]라고 하였다.

제자도란 예수 그리스도 및 그리스도의 사람들과 연합해 이 세상에서 온전히 인간적 삶을 살면서 그분의 형상대로 자라가는 것이다. 나아가 다른 사람들도 예수님을 알고 닮아가도록 도와주는 것이다.[15] 바로 이런 인식의 전환이 선행될 때 목회 패러다임의 변화를 가져올 수 있다.

1) 제자화의 필요성

교회 신자들은 명목상의 신자나 교회 안의 신자의 자리에서 안주하지 않고, 세상 즉 각자의 삶의 현장에서 예수 그리스도의 향기를 풍기는 신자들이 되어야 한다. 이런 신자로 변화시키는 훈련이 바로 제자화이다. 그런데 종교개혁 이후 기독교가 그리스도의 죽음과 부활을 통한 용서와 영접의 복음만을 사람들에게 강조해 왔다. 즉 사탄의 권세와 현존하는 악한 세상의 체계로부터 우리를 구원하시기 위하여 우리의 삶을 주관하시는 그리스도의 통치에 대해서는 덜 강조한 것이 사실이다. 그 결과 복음이 전해지고 많은 사람들이 기독교인이 되었음에도 불구하고 오히려 세상의 도덕성은 더 타락해지고 있는 것이다.

교회는 윤리적으로 모범을 보이고 영향력을 행사함으로 이 세상의 빛과 소금이 되어야 한다. 또한 그리스도를 향하여 성장해 가고 그리스도를 우리의 일상적인 행동이나 관습을 어떤 스타일 즉 삶의 모습으로 형성해 가야 한다. 이것은 자기 자신을 타인으로부터 구별하는 형태가 아니라 오히려 타인과 함께 사는 것이다. 그리하여 세상의 삶 속에 누룩처럼 참여해서 모든 사람이 하나님의 뜻을 나타내 보이는 방향을 지향해야 한다. 이런 제자화를 통하여 교회가 세워질 때 비로소 하나님이 원하시는 선교적인 교회가 세워질 수 있게 된다.

선교적 교회는 세상을 하나님과 화해시키는 구원사역을 목적으로 하는 하나님의 선교에 참여한다. 그리고 세례란 하나님과 타인을 위해 매일의 삶 속에서 사역을 하겠다는 거룩한 부르심에 대한 응답이며 단지 사람들을 제도화된 교회에 더하는 것이 아니라 예수님을 위해 헌신된 제자들을 만들어내는 데 집중한다.[16] 그러므로 제자화에 집중하는 교회는 일반 교회와는 다른 차이가 있다.

① 교인 숫자보다는 교인들이 살아가는 방식과 복음전파를 더 중시한다.
② 교회 안의 신자보다 교회 밖 세상의 비신자 섬김에 더 집중한다.
③ 현상유지보다는 사역을 위해 신자들을 훈련시키는 일에 집중한다.
④ 교회 시설의 유지보다는 지역사회를 섬기고 나누는 일에 집중한다.[17]

제프리 존스(Jeffrey Jones)는 그의 책 『제자를 만드는 교회』에서 제자양육의 세 가지 요소를 갖추기 위해서는 관계의 깊이, 훈련, 그리고 사역의 3가지 경험이 필요하다고 강조한다.[18]

첫째, 하나님과 자아와 타인과의 관계를 심화시키는 것으로 자신을 알고 타인과의 관계를 세워야 한다.

둘째, 훈련과 준비로서 이것은 은사와 소명, 그리고 기술과 지식이라는 두 가지 의미를 포함한다.

셋째, 경험에서 사역은 곧 참여로서 제자들이 가진 은사, 하나님께 받은 소명, 그들의 기술과 지식은 교회의 사역에서 사용되어야 한다.

2) 제자도의 표징

선교적 교회의 제자도의 특징을 마이클 포스(Michael Foss)는 6가지로 강조한다.[19]

① 기도는 매일 해야 한다.
② 예배에서 주일성수는 반드시 지켜야 한다.
③ 성경은 매일 읽어야 한다.
④ 봉사는 교회 안에서 뿐만 아니라 밖에서도 해야 한다.
⑤ 관계는 타인과 함께 영적 성장을 도모해야 한다.
⑥ 나눔은 수입의 10% 이상을 사용해야 한다.

이처럼 제자도의 실천은 평상시에 매일의 삶 속에서 행해지는 일반적인 습관이 되어야 한다. 이런 삶을 통해 하나님을 경험하게 되면서 자연스럽게 하나님의 일에 집중하게 될 뿐만 아니라 선교적인 삶과 사역에 참여하게 된다.

제자도에의 부름은 순종, 섬김, 단순한 삶의 양식, 고난에로의 부름이고 필요할 때는 죽음에로의 부름이다. 이런 부름은 예수님을 따른다고 말하는 모든 사람에게 공통된 부름이다.[20] 이처럼 예수님의 제자가 되었다는 것은 분명히 어떤 사람의 생활양식이 변화되었다는 것을 의미한다.

오늘날 제자훈련이란 개념이 부정적인 면으로 인식된 이유는 자기 안에서만 거룩하고 실제 삶의 현장에서는 그리스도인의 모습을 찾아볼 수 없기 때문이다. 그리고 율법주의적이고 권위주의적인 경향을 보였고 하나 되기보다는 분열을 조장하였기 때문이다.[21] 때문에 진정한 제자도는 하나님의 백성들의 믿음과 은사가 세상 속에서 하나님의 선교에 연결되도록 돕는 것이 되어야 한다. 제자도는 교회 내부에 정체되어서는 안 되며, 선교의 초점은 교회가 세상 속에서 하나님의 선교를 감당하도록 믿음의 공동체를 강화시키는 데 두어야 한다.

3) 평신도훈련

프레드릭 부에크너(Frederick Buechner)가 "당신의 깊은 기쁨과 세상의 깊은 배고픔이 만나는 곳, 그곳이 바로 하나님이 당신을 부르는 곳이라"[22]고 말했다. 이처럼 제자도는 하나님의 백성을 준비하고 훈련시켜서 하나님이 필요로 할 때 세상에 하나님의 은혜를 전하는 도구로 사용되는 것이다. 그래야 세상을 치유할 수 있고 사람이 가진 모든 것을 능가할 만한 가치를 가진다.

선교적 교회를 세워가는 일에 있어서 목회자의 영향이 큰 것은 사실이지만 목회자 혼자 하나님의 사역을 감당할 수는 없는 것이다. 그런 의미에서 목회자는 평신도를 교육시키고 훈련하여 활용할 수 있는 목회행정을 진행시켜 나가야 한다. 앞장에서 언급한 대로 목회리더십을 통한 영향력을 끼치는 데 있어서 가장 실제적인 분야는 평신도를 훈련시키는 것이다.

훈련의 범위 안에는 평신도들의 은사와 재능들을 적재적소에 배치시켜서 사역이 발휘되어질 때 선교적 교회로서의 자리를 잡아갈 수 있다. 여기서 목회자는 평신도들의 은사와 재능을 발견하는 데 민감해야 하며, 능동적이며 생산적인 활동을 할 수 있도록 조직체를 만들어 배치하며 그들이 받은 은사와 재능을 활용하도록 지도해야 한다.[23] 바로 이런 과정을 효과적으로 실행시키기 위하여 목회행정의 전략이 필요한 것이다.

3. 지역의 접근

1) 선교와 지역교회

보어(Harry R. Boer)가 "교회는 바로 선교사이다. 그것은 교회가 선교에 대해 관심이 매우 많다거나 선교를 위해 애를 쓴다는 정도의 의미가 아니다. 교회가 맺고 있는 모든 관계 자체가 바로 선교사의 사역이다."[24] 라고 말한 것은 선교에 대한 지역교회의 역할이 무엇인가를 알려 주고 있다.

'교회 선교'라는 개념은 '교회가 선교다'(The church is mission)라는 의미가 아니라 '교회가 선교를 그 사명으로 한다'(The church has missions)는 의미의 표현이다.[25] 하나님은 선교적인 하나님이시기 때문에 하나님의 백성들은 선교적인 백성들이다.[26] 따라서 선교가 없는 교회는 참된 교회라고 불릴 수 없으며, 이미 교회로서의 존재감이 상실된 것이다.

특히 지리적인 제한성을 가지고 있는 지역교회는 교회가 지역사회에 선교적 사명을 감당하고자 할 때 어떤 사역을 할 것인가?
또한 어떻게 접근해야 할 것인가?
우리는 이런 주제들을 끊임없이 다루어야 한다. 결국 지역교회는 우선적으로 교회가 그 지역과 사회에서 어떻게 선교적일 수 있는지에 대한 깊은 성찰이 선행되어야 한다.

2) 지역사회의 개념

지역사회란 영어의 'community'로서 *communis*라는 라틴어에서 왔는데, 이것은 '함께'(*com*)와 '봉사하는 일'(*munus*)의 합성어로 공동봉사, 공동참여, 공동소유, 공동체, 공동운명체의 뜻을 가지고 있다.[27] 지역사회 주민들은 일상생활 가운데 서로가 자연적으로 접촉하게 되고 공동적인 경험을 나누면서, 자연스럽게 소속감, 감정, 단결, 향토애를 공유하게 된다.

넬슨(L. Nelson)은 지역사회란 제한된 지역에 존재하면서 공동의식을 가지고, 상속된 관계를 통하여 공통된 이익을 추구하며 여러 활동을 분담 수행하는 인간집단이라고 하였다.[28] 지역사회란 지역사회를 구성하고 있는 개인, 비공식적인 집단, 공식적인 집단 등의 상호관련성을 나타내는 것을 의미한다. 때문에 가족, 경제, 종교, 교육, 정부, 사회, 복지 등의 하위체계 활동 등을 통한 개인과 집단의 상호 작용은 지역사회를 분석하는 데 중요한 영향을 미친다.[29] 따라서 지역사회를 한 마디로 집약하면서 그 한계와 범위를 규정하기가 쉽지 않다.

3) 지역사회와 교회의 관계

지역사회와 교회는 상호 의존적인 관계에 있다. 지역사회는 교회를 품고 있으며 교회는 지역사회의 구성원으로서 지역사회에 대한 책임과 의무를 다해야 한다. 그러므로 지역의 선교를 위하여 어떻게 접근해서 교회의 역할과 사명을 감당하면서 하나님 나라를 확장해 나갈 수 있는가를 끊임없이 고민해야 한다.

사회학에 사용하고 있는 지역사회의 대표적인 개념은 마키버(Robert M. MacIver)와 갈핀(Galpin)의 개념이라 할 수 있다.[30] 마키버는 지역사회를 공동 생활권이라고 하고, 갈핀은 지역사회의 개념을 교역권(trade area)이라고 한다. 그는 지역사회의 범위를 분산된 토지에 거주하는 농가가 교역중심지의 주민들과 상호 작용하면서 교역관계를 맺고 있는 시장권을 말한다.[31] 이처럼 지역사회의 개념을 생활권으로 보느냐 아니면 시장권으로 보느냐에 따라 차이가 있다.

지역사회에 대한 개념을 종합하면 교회와 밀접한 관련을 가지고 서로 영향을 미친다. 지역사회는 교회가 속한 특정한 지역을 중심으로 공통의 생활공동체라는 연대의식을 가진다. 공동의 역사적 유산, 공동의 생활방식에 참여한다. 언제든지 협동체를 조직할 수 있는 생활의 여건을 갖춘 공동체이다.[32]

즉 교회는 사회생활을 하는 사람들로 구성되어 있고 교회자체도 복잡한 사회제도의 일부분인 것이다. 한편 교회가 사회를 위하여 존재한다는 말은 교회의 선교대상이 지역 안에서 살고 있는 사람들을 의미한다. 때문에 교회가 하나님의 뜻을 실현시킬 구체적인 장은 바로 교회가 위치한 지역사회인 것이다.[33] 교회가 지역사회 안에 존재한다는 것은 교회의 현실적인 정체성과 위치를 말하는 것이다.

4) 지역선교의 접근원리

첫째, 교회는 모이고(congregation) 흩어지는(Diaspora) 과정 속에서 교회의 정체성을 드러내야 한다. 신앙으로 모이고 증언으로 흩어지는 과정 속에서 부활의 예수님은 교회와 세상의 '주'로 고백되고 증언된다.[34] 초대교회는 부활사건 때문에 힘 있게 모였다가 힘 있게 세상으로 흩어져 나간 변증의 긴장 속에서 교회가 세워졌다.[35] 신약공동체는 모이는 교회로서 예배와 교육과 친교를 통하여 복음의 진수를 터득하고 선호할 능력을 가지며, 흩어지는 교회로서 지역사회 속에서 봉사 선교를 위해 존재하였다.[36]

초대교회 성도들의 생활양식은 하나님과 영적인 관계를 가지며, 동시에 이웃과의 공동체적 관계를 가지고 있는 모습으로 나타났다. 그러므로 하나님의 부르심을 받고 보냄을 받은 백성으로서 교회는 언제든지 교회의 본질과 사명감이 강조되어야 한다.

둘째, 하나님은 예수 그리스도를 화목자로 이 땅에 보내셨고 또한 예수 그리스도는 신자에게 이 화목자의 임무를 맡기셨다. 때문에 신자의 생활은 지역사회를 기반으로 하여 많은 사람들과의 관계성을 가지고 살아가야 한다.[37]

따라서 더불어 살아가는 지역사회 내의 많은 사람들과 하나님과 불화의 관계 속에 있는 이웃을 위하여 하나님은 화목자로 그 지역에 교회를 보내신 것이다. 그러므로 교회는 지역사회 속으로 들어가서 빛과 소금의 역할을 감당해야 한다.

셋째, 지역사회를 섬기고 봉사를 실천하는 교회로서 선교의 개념을 복음의 지리적, 공간적 확대뿐만 아니라 사회적 문화적 정치적 영역에 이르기까지 확장시켜야 한다.[38] 실제로 지역교회가 선교적 교회로서의 사명을 감당하기 위해서 선교의 원리와 접근방식이 정리되어야 한다. 물론 선교원리는 이미 언급한 대로 선교적 교회에 대한 목회적 특징인 성육신적 자세를 가지고 접근해야 한다.

미주

1 대럴 구더, 『하나님의 선교』, 22.
2 George F. Vicedom, *Missio Dei: E inführung in eine Theolog ie der Mission* (München: Ch. Kaiser Verlag, 1960). 박근원역, 『하나님의 선교』 (서울: 대한기독교출판사, 1980), 9- 12.
3 데이비드 보쉬, 『변화하고 있는 선교』, 370.
4 릭 로우스 & 크레이그 벤 겔더, 『선교적 교회 만들기』, 64-67.
5 Dave Daubert, *Living Lutheran: Renewing Your Congregation* (Minneapolis: Augsberg Fortress, 2007), 15.
6 릭 로우스 & 크레이그 벤 겔더, 『선교적 교회 만들기』, 65-67.
7 Dave Daubert, 38-39.
8 릭 로우스 & 크레이그 벤 겔더, 『선교적 교회 만들기』, 69-70.
9 Ibid., 71.
10 Ibid., 74-78.
11 엄동욱, "조직내 소통 활성화를 위한 제언," CEO Information (서울: 삼성경제연구소, 2011, 795호), 12.
12 Bill Hull, *The Complete Book of Discipleship* (Grand Rapids: Baker Book House Company, 2006), 34. 황병배, "효과적인 평신도훈련과 사역을 위한 제언," 282.에서 재인용.
13 R. Rouse & Craig Van Gelder, *A Field for the Missional Congregation*, 23.
14 달라스 윌라드, 『잊혀진 제자도』, 윤종석 역 (서울: 복있는 사람, 2007), 26.
15 마이클 윌킨스, "21세기 제자도," 「선교연구」제49권 (1996), 26.
16 릭 로우스 & 크레이그 벤 겔더, 『선교적 교회 만들기』, 89.
17 Ibid, 89-90.
18 Jeffrey Jones, *Traveling Together: A Guide for Disciple-forming Congregations* (Herndon, Va: Alban Institute),. 45-46.
19 Michael Foss, *Power Surge: Six Marks of Discipleship for a Changing Church* (Minneapolis : Fortress Press, 2000), 106.
20 데이빗 왓슨, 『제자도』, 문동학 역 (서울: 두란노서원, 1997), 17.
21 옥한흠, 『평신도를 깨운다』(서울: 두란노서원, 1994), 82-83.
22 Frederick Buechner, *Wishful Thinking A Theological ABC* (New York : Harper, 1982)
23 피터 와그너, 『교회성장 원리』, 권달천 역 (서울: 생명의 말씀사, 1990), 99.
24 Ibid.
25 서정운, 『교회와 선교』 (서울: 두란노, 1988), 39.
26 데이비드 보쉬, 『변화하고 있는 선교』, 372.
27 권태준. 김광웅 공저, 『한국의 지역사회 개발론』 (서울: 법문사, 2002), 22.
28 최상호. 정지웅 공저, 『지역사회 개발론』 (서울: 교학 연구사, 2000), 52.
29 Ibid.
30 김영모, 『지역사회 복지론』(서울: 교헌출판부, 2001), 6.
31 Ibid., 6.
32 이원규, "지역사회를 위한 교회교육의 가능성," 「신앙과 교육」제124권 (1989), 15.

33 이윤철, "교회와 지역사회봉사,"「신학과 사회」제9권 (1995), 47.
34 은준관,『실천적 교회론』(서울: 대한기독교서회, 2007), 183.
35 Ibid, 184.
36 이계준,『교회와 지역사회』(서울: 기독교사상, 1986), 74.
37 Ibid.
38 전주 안디옥교회,「설립 21년사」, 54.

제 8 장
사역을 위한 시스템

 선교적 교회는 항상 조직의 형태를 취하지만 그 형태들이 교회의 본질은 아니다. 교회의 조직은 신적이고 인간적이라는 이중성을 견지하며 섬김의 역할을 감당하여야 한다. 선교적 교회의 구조는 교회의 본질을 추구하고 사역의 내용을 풍부하게 하는 효과적인 시스템을 의미하며 나아가 내부의 변화를 끊임없이 추구하는 데 초점을 맞추어야 한다.[1] 이는 교회의 구조를 변화시키는 작업이 계속되어야 함을 뜻한다. 교회의 구조가 이처럼 끊임없는 변화를 추구해야 할 이유는 언제나 교회의 구조가 사역과 연관성이 있어야 하기 때문이다.
 사역과 관련한 모든 교회의 행정적인 시스템은 보편적이고 사도적인 특성을 반영하며, 신자들의 은사를 활용하는 장으로 사용되어야 한다. 또한 교회의 시스템을 형성할 때는 교회의 외적 성장이 중요한 것이 아니라, 성경적 기초와 교회가 접하고 있는 지역의 문화적 상황을 고려하여 형성되어야 한다.[2] 이것은 교회가 사역하고 있는 단순한 몇 가지 행사의 변화를 말하는 것이 아니라, 과거의 제도적이고 전통적인 교회의 구조들을 선교적인 구조로 전환시켜야 함을 의미한다.

교회의 조직에서 목회행정을 이해하기 위해서는 지역교회의 3가지 특성을 고려해야 한다.

① 지역교회는 본성적으로 선교적이며 교회의 사도성을 반영해야 한다.
② 지역교회는 자신이 속한 지역사회 안에서 이중 언어와 환경의 언어를 배울 책임을 지닌다.
③ 지역교회는 본성적으로 관계적이며 이것은 교회의 유기체적 조직 구조를 통해 수행된다.[3]

행정의 기본은 조직(system)이다. 조직이란 어떠한 공동의 목적을 추구하고 있는 사람의 집단이며 동시에 어떤 목적을 수행하기 위한 업무의 체계이다.[4] 교회 조직의 목적은 신자들로 봉사하게 하며 그들에게 교회의 윤택함과 영감을 가져다주어 그리스도인으로서 성숙하게 하는 데 있다. 여기서 성숙이란 그리스도의 인격을 닮은 사람들을 생성해 내는 지식의 깊이를 깊게 하는 것이다.[5]

이 같은 입장에서 선교적 교회를 세우고 전환하기 위한 효과적인 사역을 가능하게 하려면 앞에서 제시한 선교적 교회의 특징인 "세상을 향한 사도성, 성육신적인 교회, 메시야적 영성"에 기초하여 교회 목회행정 시스템의 방향을 정해야 한다. 그러기 위해서는 무엇보다도 그 특징과 원리의 내용을 실천의 그릇에 담아내는 목회행정의 전략이 필요하다. 그 전략 중의 하나가 바로 교회 내의 목회행정 시스템이며 그 내용은 "유기체적 조직, 리더들의 지원팀 구성, 평가의 과정이 있는 행정시스템"이다. 이 세 가지 시스템을 살펴보고자 한다.

1. 유기체적 조직

1) 유기적 공동체의 의미이다

교회의 유기체성은 교회 안에 생명이 있음과 몸을 이루는 모든 지체가 상호 작용하며, 탄생에서 사멸에 이르기까지 일정한 생명주기를 가지고 있음을 의미한다. 이런 점에서 선교적 교회는 근본적으로 교회를 개척하는 교회 또는 재생산적인 공동체이다.[6]

또 다른 의미는 살아있는 유기체, 곧 그리스도의 몸으로서의 교회를 논의할 때 교회는 산 유기체이지 경직된 조직체는 아니라는 개념이다. 유기체란 서로 신뢰하여 생명에 필수적인 특별한 작용들을 행하는 상이한 기관들이 부분들로 구성된 몸이라 한다.[7] 교회는 본질상 그리스도의 몸인 유기체이고 유기체에 언약을 시행할 임무가 주어지며 이를 수행하기 위해 조직이 주어진다.[8]

2) 기계적 조직과 유기적 조직이다

기계론적 조직은 근대의 시작과 함께 다양한 행정과 기업 조직을 설명하고 운영하기 위해 등장하였다. 하지만 새로운 환경의 등장과 예측할 수 없는 시장상황에서의 기계론적 조직 이해는 그 영향력이 줄었다.[9] 이후 등장한 유기체적 조직은 변화하는 시장과 내부 조직의 유연한 변화를 위한 모형으로 제시되었고, 조직 연구의 대부분은 이 유기체적 조직 이해를 바탕으로 전개되고 있다.[10] 이런 이해는 조직이 처한 환경에서 생존을 위해 다양한 대응과 반응에 효과적으로 적응할 수 있음을 말해 준다.

하지만 전통적인 기계적 조직이론이 교회 내부에 깊게 자리 잡고 있다는 점이 문제다. 교회 구성원은 근대적 조직에 익숙한 사람들이고, 효율성을 강조하는 기업 조직에서 근무하고 활동하는 사람들이다. 때문에 이들은 교회 조직 또한 이런 근대적 조직의 형태로 운영될 때 효과적일 것이라고 생각한다.

그럼에도 불구하고 교회는 전통적으로 그리스도의 몸으로서 인식하는 교회관과 역사적 배경에서 변모했던 교회 구조는 현재의 조직이론인 유기체적 조직 이론을 수용할 수 있는 요인을 지닌다.[11] 이에 대한 이해하기 돕기 위하여 시스템이론의 대표학자인 번스와 스토커의 조직 구조를 소개한다.[12]

기계적 조직 구조와 유기적 조직 구조

구분	기계적	유기적
설계 구조	정태적인 환경에서 조직구성원 행태 예측 가능	동태적인 환경에서 조직 유연성의 촉진이 가능
의사결정 방법	권위적이고 집권화 상층부에 집중 수직적인 상의하달 방식	민주적이고 분권화 상황에 따라 아래에서도 가능 수평적 상향식
역할	과업을 좁게 정의(제한적) 반복적 과업 수행	과업을 넓게 정의(다양함) 다양한 전문성 습득

위의 표에서 발견할 수 있는 것은 교회를 바라보는 시각도 이제는 기계적 시스템에서 유기적 시스템으로 변화하려는 시각으로 바라보아야 한다는 것이다. 여기서 기계적 조직 구조를 어떻게 유기적 조직 구조로 변화시킬 수 있는가에 대한 설명이 필요하다. 이런 관점에서 이 책 3부 선교적 교회 세우기를 통해서 유기적인 조직 구조로 체계화하는 과정을 실제적으로 다루고자 한다.

2. 리더들의 지원

중간 리더를 세우는 일에 무관심하거나 인색한 공동체는 성장할 수도 없고 건강한 교회를 세울 수 없다. 중간 리더들을 중심한 지원은 선교적 교회를 세우는 데 반드시 필요한 과정이다.

1) 팀사역(team ministry)에 대한 성경적 근거이다

우리가 하나님을 위해 일하기 전에 하나님이 먼저 우리를 위해 일하셨으며, 하나님은 일하실 때 팀으로 일하셨다. 팀사역은 하나님의 방식으로 성부, 성자, 성령 삼위 하나님은 일체가 되어 창조사역과 구원사역을 하셨다(창 1:1-3; 요 1:1-3; 엡 1:3-14).

이처럼 팀사역을 통한 목회는 하나님께서 교회에 보여주신 성경적 이상(理想)이며, 팀워크(team work)는 하나님께서 교회에 주신 사역을 위한 최상의 도구이며 선택이 아닌 필수사항이다. 사역을 자기 혼자의 힘과 생각으로 한다는 것 자체가 비성경적이며 비능률적이며 비합리적인 발상이다.

특히 하나님 나라의 사역은 성령의 도우심이 없이는 불가능하며 때문에 성령은 사역자들에게 필요한 은사를 주신다(고전 12:1-11). 여기서 한 사람의 사역자에게 모든 은사를 다 주는 것이 아니라 여러 가지 은사를 여러 사람에게 주어서 팀으로 사역하도록 하셨다. 그러므로 팀사역은 자체가 성경적이다.

팀사역을 위한 은사에는 전도(엡 4:11), 예언(롬 12:6; 엡 4:1; 고전 12:10, 28), 가르침(롬 12:7; 고전 12:28), 권위(롬 12:8), 목사와 목자(엡 4:11), 긍휼을 베풂(롬 12:8), 섬김(롬 12:7; 고전 12:28), 구제(롬 12:8), 다스림(롬 12:8; 고전 12:28)이 있다. 이런 은사들을 발견하여 적재적소에 배치할 수 있어야 한다.

2) 팀의 중요성이다

최근 팀사역을 고민하는 교회가 많아지고 있지만 실제로 팀사역이 제대로 뿌리를 내리고 있는 곳을 찾아보기 어려운 것이 현실이다. 교회의 대부분의 목회자들이 혼자서 모든 사역을 감당하려는 단독목회 스타일을 유지하고 있다. 그 이유는 그러한 목회 환경 속에서 자라났고 목사가 되기까지 대부분의 시간을 그런 여건에서 목회를 함으로써 제대로 된 팀워크를 경험해 볼 기회가 없었기 때문이다.[13] 이에 올바른 팀을 구성하여 목회사역의 협력자로 함께 할 수 있는 지원팀을 세우는 시스템이 중요하다.

도널리(Dody Donnelly) 박사는 그의 책 『팀』에서 팀사역의 구조를 목회의 분배모델이라고 부른다. 여기서 "팀이란 혼자서 할 수 없는 일을 협력으로 가능하게 하는 능력의 분배 양식이기 때문에, 실제로 혼자서 할 수 없는 일을 둘이서는 함께 해낼 수 있으며, 혼자서는 10%의 효과를 낼 수 있는 일을 둘이서는 50%, 셋이서는 100%의 효과까지 낼 수 있음을 강조한다."[14] 이것은 자신의 재능을 협력을 위하여 분배할 때 효과적인 사역이 가능함을 보여준다.

3) 팀 구성이다

돌봄과 계획 속에서 스태프와 평신도 리더들로 구성된 지원적인 선교 팀을 만들어야 한다.[15] 선교적 교회를 세우기 위한 목회행정의 전략 가운데 한 요소가, 바로 교회의 평신도 중에서 리더의 위치에 있는 자들을 중심으로 지원팀을 구성하는 일이다.

이 팀의 구성원들은 기본적으로, 교회 안에서 뿐만 아니라 지역공동체와 세계를 향한 성숙한 사역을 위해 서로 협력하고 후원하는 것이 얼마나 중요한 일인가를 아는 사람들이어야 한다. 즉 하나님의 관점에서 세상을 보는 사람들이어야 한다.[16] 성경은 하나님께서 세우신 리더들과 또한 그를 보조하면서 함께 백성을 인도하는 동역자들을 실제적인 제도로 제시하고 있다.[17]

선교적 교회를 세우는 사역 팀을 구성할 때 먼저 고려해야 할 사항들이 있다. 그것은 '공동체 의식 개발, 신뢰 쌓기, 의사소통 개발, 함께 성장하는 팀 개발'[18] 등이다. 그러므로 팀의 지도자들은 건강한 팀사역이 지속되려면 혼자만이 아니라 팀원들과 함께 성장해야 하며, 그러기 위해서는 부단한 자기 관리와 훈련이 필요하다. 먼저 팀원들에게 모범적인 모습을 보여야 한다.[19] 그러기 위해서는 팀의 리더들에게 다음과 같은 요구가 수반되어야 한다. 예배의 신실한 참여, 행동하는 일에 참여, 청지기적인 사역의 지원, 영적 경건의 생활 지속, 정기모임에 참여, 상대방에 대한 배려와 지원, 명쾌한 소통, 팀원들의 비밀유지 등을 지켜야 한다.[20] 결국 리더가 팀을 제대로 이끌어가려면 삶과 사역에 솔선수범하는 모습이 선행되어야 한다.

끝으로 평신도 리더들로 구성된 지원팀이 건강하려면 팀원 간에 신뢰와 존중의 바탕 위에서 유대관계를 수립해야 한다. 그럴 때에 비로소 역동성이 생기고 갈등이 신속하게 해소되어 팀원 개개인의 능력을 초월한 결과를 이루어 낼 수 있다. 이처럼 팀 선교사역은 선교적 교회를 세우기 위한 목회행정의 중요한 전략이기도 한다.

3. 평가하는 행정

목회행정에서 중요한 사실은 목회적인 사역들이 지속적이고 효과적으로 진행되기 위해서는 반드시 평가의 과정이 수반되어야 한다는 점이다. 조직을 관리하면서 교회의 목적을 성취하기 위해서는 단순한 관리 개념을 초월하여 준비와 경영과 평가의 세 단계를 거쳐야 한다.[21] 평가란 지난 사업에 대한 것이 아니라 다음 사업을 위한 계획의 시작이다. 그런 의미에서 평가는 빠를수록 좋다. 평가가 끝나지 않았으면 그 사업도 끝나지 않은 것이다. 평가 없는 사업은 똑같은 과오를 반복할 우려가 있다.

교회의 사역과 생활을 평가할 때 방법론에 대해서 여러 가지 의견이 있다. 복음의 사회적 영향력을 강조하는 평가가 있고, 순수한 복음 전도에 근거한 평가가 있다. 도널드 맥가브란과 피터 와그너와 같은 학자들은 교회의 구성원으로 등록한 양적인 숫자를 평가의 척도로 본다.[22] 중요한 사실은 선교적 교회가 되기 위해서는 평가과정과 평가기준을 통한 지속적인 평가가 반드시 필요하다는 점이다. 여기서 찰스 밴 엥겐의 평가 과정과 교회행정 전문가인 앨빈 린그렌의 평가기준을 소개하고자 한다.

1) 찰스 밴 엥겐의 평가기준

첫째, 교회를 측정하는 척도는 '교회가 어느 특정한 문화 속에서 얼마나 교회의 본질적인 모습을 드러내고 있는가'가 평가기준이 되어야 한다.

> 선교하는 교회의 평가는 고백하는 모습과 실제로 보이는 교회의 모습을 비교하는 과정이어야 한다. 예를 들면 교회의 목표들, 전략들, 지도자들, 교인들, 행정에 대한 평가는 이런 질문을 던진다. 즉 우리는 얼마나 하나 되어 있고, 거룩하며, 통일성이 있고, 선교적인 말씀과 성례의 공동체이며, 예수님께로 얼마나 가까이 모여 있는가라는 평가이다.[23]

둘째, 선교하는 교회는 '그들이 누구인가'라는 것에 기초해야 자신을 올바로 평가할 수 있다. 때문에 교회를 평가할 때 목회자는 교회의 본질을 먼저 생각해야 하며 이 과정이 선교하는 모습을 찾으려는 노력을 의미하는 것이다.[24]

셋째, 선교하는 교회는 그들의 생활을 종말론적으로 이루어져가는 실제로 이해하고 평가하되, 완성된 것이 아닌 발전과정을 측정하는 것이다.[25] 이처럼 '교회의 본질, 세상을 향한 교회의 선교활동, 교회가 처한 문화적 상황'에 기초한 평가를 촉진하는 과정들을 통하여 효과적으로 목회행정 시스템이 작동될 때 선교적 교회로의 전환을 위한 목회사역이 순탄하게 진행될 수 있다.

2) 앨빈 린그렌의 평가기준

평가 질의서를 통해 교회들의 사역을 평가할 수 있는 기준을 세우는 데 중요한 재료인 교회들의 선교활동에 대한 평가 질의 내용들은 다음과 같다.

① 이 선교활동이 이루고자 하는 목표는 무엇인가?
② 이 목표들은 교회의 선교적 본질과 일치하는가?
③ 이 선교활동은 실제로 목표를 달성하는 데 도움이 되는가?
④ 이 선교활동은 교회의 또 다른 중요한 사역과 상충되지 않는가?
⑤ 이 선교활동을 실행하기 위해 충분한 인적. 물적 자원이 있는가?
⑥ 사용되는 기술이 복음의 가르침과 합당한 것들인가?
⑦ 목표를 달성하기 위한 이 활동은 어떤 위험을 갖고 있는가?
⑧ 이 일보다 먼저 달성해야 할 기본적인 목표는 없는가?[26]

이 땅에 선교적 교회를 세우고자 할 때 신앙고백적인 교회의 모습과 실제로 보이는 교회의 모습을 측정해야 한다. 동시에 모든 교회와 구성원들이 평가의 과정에 참여해야 한다. 이런 지속적인 자성의 과정을 통하여 언제나 교회의 본질, 목표, 사람, 사역행정 등을 평가함으로써 참된 그리스도의 교회를 세워 가시는 하나님의 손길을 경험하게 된다.

다음 장의 3부에서 '선교적 교회 세우기'를 논할 때 목회행정활동의 모든 사역의 실천 후에는 반드시 평가하는 과정의 내용들이 제시될 것이다.

지금까지 선교적 활동에 대한 찰스 밴 엥겐의 평가 과정과 앨빈 린그렌의 평가기준을 소개하였다. 이 두 가지 평가를 비교하면 밴 엥겐이 강조하는 평가기준은 '교회의 본질, 존재, 상황'이며 이에 린그렌이 강조하는 평가기준은 '교회의 목표, 자원, 정당성'이다. 비교하면 밴 엥겐은 원론적이며 내적 지향성이 강한 반면에 린그렌은 실제적이며 외적 지향성이 강함을 알 수 있다.

결국 교회의 존재와 활동에 대하여 근본적으로 성경적인 근거가 평가기준이 되어야 한다. 그 성경적인 근거는 다음과 같다.

① 삼위일체 하나님의 존재양식이다.
② 예수님의 성육신적인 사랑과 섬김을 실천한 행적들이다.

먼저 삼위일체 하나님은 선교적 교회에 대한 대화의 기원이며 이 기원은 20세기 중반 에큐메니칼 선교학의 '미시오 데이' 개념이다. 즉 성부 하나님이 성자 하나님을 보내시고 성부 하나님과 성자 하나님이 성령을 보내신다는 개념이다. 즉 성부와 성자와 성령께서 교회를 세상으로 보내는 과정이어야 한다.[27]

결국 교회의 모든 활동의 배경과 방향은 세상과 지역과 삶의 현장에 보내는 것에 초점이 맞추어져야 한다.

다음은 예수님의 행적으로서의 성육신적인 사랑이다. 하나님이 인간이 되신 성육신적인 사랑(요 1:14)을 보여주신 예수님은 십자가의 죽음을 앞에 놓고 모든 제자들의 발을 몸소 씻기셨다.

내가 주와 또는 선생이 되어 너희 발을 씻겼으니 너희도 서로 발을 씻기는 것이 옳으니라(요 13:14).

이 행위가 던지는 메시지는 서로 사랑하라는 새 계명을 주시는 것일뿐만 아니라 제자 됨의 증거는 서로 사랑하는 것임을 가르쳐 주는 것이다.

이와 같이 제자공동체인 교회의 표징이 성육신적인 자세로 서로 사랑하는 것이기에 교회는 모든 활동에 있어서 얼마나 서로 사랑하고 있는가에 의해 평가기준을 세워야 한다. 결국 교회에 대한 평가는 교회의 주인이자 머리 되신 예수님의 평가기준인 '사랑'이 바탕이 되어 목회사역을 진행할 때 선교적인 교회로 변모해 갈 수가 있다.

미주

1 최형근, "선교적 공동체를 지향하는 한국교회," 「목회와 신학」 (서울: 두란노, 2006.8), 175.
2 Ibid.
3 크레이그 밴 겔더, 『선교하는 교회 만들기』, 250.
4 김득룡, 『현대교회행정학 신강』(서울: 총신대학 출판부, 1995), 97
5 레이 스테더먼, 『그리스도의 지체』, 홍성국 역 (서울: 생명의 말씀사, 1981), 142-143
6 하워드 스나이더, 『그리스도의 공동체』, 김영국 역 (서울: 생명의 말씀사, 1987), 70.
7 박형룡, 『박형룡 저자 전집』, (Vol,Ⅵ 교회론) (서울: 한국기독교 교육연구 1987), 46
8 Ibid., 47.
9 박재린, 『현대조직론의 이해』(서울: 무역경영사, 2000), 204.
10 S. P. Robbins, *Organizational Behavior: Concepts, Controversies, Applications* (Upper Saddle River: Prentice-Hall, 1998). 648.
11 커밍스, 토마스외 1명, 『조직 개발과 변화』, 김민수외 4명 역 (서울: 한경사, 2005), 702-706.
12 Ibid.
13 김덕수, 『리더십 다이아몬드』, 238.
14 이성희, 『디지털 목회와 팀』(서울: 한국장로교출판사, 2004). 19.
15 릭 로우즈 & 크레이그 벤 겔더, 『선교하는 교회 만들기』, 118.
16 Ibid, 118-119.
17 딕 아이버슨, 『팀 목회』, 권혁재 역 (서울: 도서출판 진흥, 1999), 13.
   * 모세와 동역자(장로)들-출 4:29   * 여호수아와 동역자들-수 7:6
   * 사무엘과 동역자들-삼상 15:30   * 다윗과 동역자들-대상 11:3
   * 베드로와 동역자들-행 2:14   * 야고보와 동역자들-행 21:18
   * 바울과 동역자들-행 20:17-33   * 그리스도와 이십사 장로들-계 5:8
18 김광건, 『기독교 리더십 특강』(서울: 두란노아카데미, 2010), 215.
19 릭 로우즈 & 크레이그 벤 겔더, 『선교하는 교회 만들기』, 124-126.
20 Ibid, 125-126.
21 이성희, 『교회행정학』, 367.
22 찰스 밴 엥겐, 『모이는 교회 흩어지는 교회』, 258.
23 Newton Malony, *Organizational Management and Church Planning* (Pasadena: Fuller Theological Seminary, 1983). 이성희, 『교회행정학』, 368에서 재인용.
24 Ibid., 258-259.
25 Ibid., 259.
26 Ibid., 260에서 재 인용.
27 크레이그 벤 겔서. 드와이트 J. 샤일리, 『선교적 교회론의 동향과 발전』, 최동규 역 (서울: CLC, 2015), 194-195.

제 3 부
선교적 교회 세우기

제9장 목회행정을 통한 실천

제10장 평가와 도전

제 9 장
목회행정을 통한 실천

1. 모임을 위한 초청

선교적 교회를 오해하는 사람들의 주장 가운데 하나는, 선교적 교회는 마치 교회가 양적으로 성장하는 것을 가볍게 여기거나 무관심하다는 것이다. 내적이고 질적 성장을 강조한 나머지 유형화된 교회 건물 안에 사람들을 모으는 교회는 전 근대적인 낡은 사고로 생각하는 것이다. 때문에 여러 가지 복음전도 방법과 프로그램을 활용하여 교회를 양적으로 성장시키는 것을 개 교회 이기주의로 절하시킨다는 것이다. 그러나 이것은 선교적 교회에 대한 이해부족이거나 곡해임을 분명하게 밝혀 두고자 한다.

교회의 첫째 사명은 하나님이 행하신 위대한 구원의 일을 전하는 복음전도이다. 그러나 많은 전도 프로그램들은 복음의 본질인 하나님이 하신 일을 드러내고 하나님 나라의 삶을 전하기보다 현세의 물질적 행복과 자아실현을 강조하는 경우가 많다. 그 결과 복음의 능력과 변화된 성품보다 단기간에 사람들의 흥미를 끌 수 있는 인위적 방법들을 동원하고 있다. 이런 모습들이 전도를 단순히 사람들을 교회로 모이게 하는 데 초점이 맞춰지기도 한다.

그럼에도 불구하고 기본적으로 선교적 교회(the missional church)라는 개념 속에는 기본적으로 복음전도를 통한 영혼구원을 전제하고 있다. 교회는 본질적으로 선교적인 특성을 지니고 있는 공동체이다. 이런 점에서 선교적 교회를 말하는 학자들은 대부분 선교를 교회성장을 위한 사업 또는 활동으로 여기는 '선교하는 교회'와, 구원하시고 인간의 삶을 근본적으로 변화시키는 하나님의 사랑과 은혜에 기초하여 자신들이 속한 상황에 따라 자신의 삶 전체를 통해서 하나님의 선교를 행하고자 하는 '선교적 교회'를 구분한다. 단지 선교적 교회는 이벤트나 프로그램 중심의 선교를 지양하고 신앙공동체가 모이든지 흩어지든지 간에 언제나 하나님의 선교적 백성으로 살아가는 것을 말한다.

역사적인 관점에서 초기 한국교회가 시작될 때 일어난 부흥운동은 이미 19세기 말과 20세기 초 미국과 영국, 인도 등 세계 곳곳에서 일어났던 부흥성장운동과 맥을 같이한다. 특히 선교사들의 심령을 사로잡은 성령의 역사는 그들의 고백과 간증을 통해 교회가 성장하기 시작하였다. 이렇게 시작된 영적 각성과 체험은 마치 오순절 성령의 역사가 예루살렘으로부터 점차 먼 지역으로 퍼져나갔던 것처럼 다른 지역으로 확산되었다.

또한 사람들이 교회에 모이는 데 있어서 부흥사경회를 제외할 수 없다. 1907년 평양 장대현교회에서 열린 부흥회는 한반도 전역에 알려지면서 성령의 역사는 전국적으로 확산되었다. 이때 모임은 은혜를 체험한 사람들의 초청과 전도행위가 중요한 수단이었다. 이 시기에 한국에서 일어난 교회성장과 부흥의 역사는 지역 차원을 넘어 전 세대에 걸쳐 일어난 사건이다.

특히 다른 교파와는 달리 성결교는 복음전도를 통한 부흥운동에 의해 탄생하였으며, 이때 뜨거운 전도운동과 부흥회식 집회는 처음부터 다른 교파들과 뚜렷하게 다른 성결교회 특징 가운데 하나였다. 이와 같은 부흥운동은 일차적으로 영적 각성 또는 갱신운동을 통해서 교회와 신자들의 질적 성장을 가져왔으며, 질적 성장은 곧 바로 양적인 성장으로 귀결되었다. 마치 초기 1세기 그리스도인들에게 성령이 임하였을 때 그들의 삶 전체가 변화되었을 뿐만 아니라, 예수님을 믿는 사람들이 지속적으로 늘어나는 현상과 같다(행 2:41; 4:4; 5:14).

1903년 이후 한국에서 일어나 부흥운동은 자연스럽게 전도운동으로 이어졌다. 백낙준은 "이처럼 부흥운동과 전도운동은 신앙운동의 양면이었다."고 말한다. 한경철은 초기 한국교회의 부흥운동을 역사적으로 분석하면서 그 당시의 부흥운동이 다른 여러 가지 결과를 낳았지만, 특별히 신자들의 증언과 전도의 열심을 일으켰다고 평가한다. 그에 따르면 "부흥은 증언과 전도를 엄청나게 증가시켰으며 그로 말미암아 많은 회심자들이 생겨났다."고 말한다. 이는 성령의 역사가 궁극적으로 전도를 통한 복음의 확산을 지향하면서 하나님 나라가 확장되고 있음을 말해 준다. 성령을 체험한 사람은 어떤 모양과 방법으로든지 복음을 전하지 않고는 견딜 수가 없다(행 1:8).

하나님의 부르심과 초청은 창세기에서부터 요한계시록까지 부르심과 초청이라는 하나의 맥이 흐르고 있다. 에덴동산에서의 인류최초의 시조인 아담과 하와의 범죄 이후 하나님은 먼저 찾아가 부르셨다. 그리고 노아홍수 시기에도 하나님의 물 심판 예고 속에서도 노아는 하나님의 명령을 따라 세상 사람들에게 끊임없이 방주로 들어와야만 구원을 얻게 될 것이라고 외쳤다. 예수님도 인생들을 향하여 "수고하고 무거운 짐진자들아 다 네게로 오라"고 초청하셨다. 천국 비유에서도 잔치를 벌여 놓은 집에 들로 거리로 산으로 나가서 초청하라고 명령하신다. 또한 잃은 양 한 마리를 찾으러 나가시는 선한목자의 비유를 통해 하나님의 마음을 가르쳤다. 나아가 자신이 이 땅에 오신 목적은 오직 죄인을 초청하여 회개시켜 구원받게 하는 것임을 분명하게 밝히고 있다.

교회는 더 이상 목회자의 입맛에 맞은 고기만 모아 놓고 키우는 양어장이 될 수 없다. 헬라인이나 유대인이나 남녀노소 빈부귀천을 구분하지 않고 누구든지 불러 모아야 하는 바다와 같은 곳이어야 한다. 그러므로 교회는 기본적으로 결코 편견이나 차별이 없이 때를 얻든지 못 얻든지 어떤 상황과 환경에서도 물을 주고 씨를 뿌려서 성장시켜야 하는 초청공동체인 것이다.

여기서 중요한 사실은 사람들을 교회로 초청하여 모이게 하기 위한 과정에서 이미 언급된 역사적인 실례들처럼 영적 차원에서 일어났던 성령운동이나 부흥사경회나 직접적인 복음전도의 방법들만 고집해서는 안 된다. 다양한 목회적 차원의 방안들을 강구하여 목적을 달성하기 위하여 행정력을 활용하여 실천적인 전략들을 세워나가야 한다.

딘 켈리(Dean Kelly)는 보수적인 교회들이 성장하는 이유가 그 교회들이 교회의 존재 이유에 대하여 더 많은 시간과 노력을 아끼지 않기 때문이라고 말했다. 또한 교회가 성장하는 이유는 그들의 개인적인 요구와 야망을 기꺼이 교회의 공동목표 밑에 두려는 지도자의 행정적인 실천임을 강조하였다.

교회의 목적을 정확히 하고 목표를 수립하는 행정기술은 교회의 양적 성장을 위해 반드시 사용해야 하는 과정이다. 이런 면에서 사람들을 교회로 모이게 하기 위한 초청이 일차적인 목표가 될 수 있다. 여기에는 반드시 교회행정의 전략들을 동원하는 다양한 초청방법과 복음전도를 위한 프로그램을 작성하여 그것을 실행할 수 있는 행정력이 수반되어야 한다.

린그렌은 교회의 목표를 다음의 다섯 가지로 요약하였다.

① 하나님을 예배하는 것(엡 1:3-14)으로 하나님을 선택한다.
② 교인들을 신앙으로 유지하고 세우는 것(고전 12:23-25)으로 그리스도의 몸인 교회를 선택한다.
③ 상호 간의 봉사에 종사하는 것(엡 4:11-15)으로 사역을 선택한다.
④ 다른 사람을 전도하는 것(마 2:8, 19-20)으로 영혼구원을 선택한다.
⑤ 오늘날의 사건들을 하나님의 계시에 비추어 해석하고 적용하는 것(롬 15:4)으로 선교적인 삶을 선택한다.

여기서 우선되어야 하는 교회의 일차적인 목표는 하나님을 알지 못하는 사람들을 먼저 교회로 모여 하나님께 예배드릴 수 있도록 초청하는 첫째 단계가 선행되어야 한다. 이것을 종합할 때 교회가 이 세상에 존재하는 목적과 목표를 통전적으로 이해할 수 있게 된다.

2. 세움을 위한 조직

현대교회는 교회의 규모나 크기에 상관없이 다양한 조직적 구조를 가진 공동체의 성격을 가지고 있다. 수세기를 걸쳐오면서 교회는 조직적인 체계를 갖추기 시작하였고, 교회가 처한 시대와 문화 환경에 따라서 조직적 체계는 더 복잡하고 다양하게 변해 왔으며 앞으로도 여러 변수에 따라 변해야 할 것이다. 특히 오늘날과 같은 포스모던 시대의 사회 환경 속에서 교회가 적절히 대응하고 교회의 목적을 달성하기 위해서 교회는 더욱 복잡하고 세밀한 조직적 체계를 구축해야 한다.

그러므로 교회의 조직 체계를 환경에 따라 신속하게 대응하여 그 조직을 원활하게 운영하기 위해서는 그에 상응하는 행정능력이 뒷받침되어야 한다. 만일 교회의 행정능력이 부족하여 변화에 적절한 대응 시스템을 갖추지 못한다면, 선교적 교회론은 하나의 추상적인 사상과 이론에 불과하게 된다. 이런 관점에서 목회행정이라는 방법과 그릇을 통하여 선교적인 실천방법을 활용하는 것은 무엇보다 중요하다.

1) 실천원리(기획행정)

행정은 단순한 활동이 아니라 '목적달성을 위한 활동'이다.[1] 교회행정의 최종 목적은 교회의 존재목적을 위한 것이어야 하며, 이 목적은 하나님 사랑과 이웃 사랑을 증가시키는 위한 것으로서, 말과 행동으로 복음을 전파하는 일과 교회의 조직과 활동, 각종의 사역을 위하여 사람들을 훈련시키는 일을 할 때에 기독교의 의미와 희망은 변함없이 존속되는 것이다.[2] 그러므로 선교적 교회를 세우거나 전환시키고자 한다면 교회행정의 방법을 사용해야 한다.

교회행정의 실제에 있어서 목회에도 방법이 있는가에 대한 질문에 대하여 정의를 내린다면, 목회란 전략적인 방향설정에 따라 설정된 목표를 실현해 나가는 구체적인 수단과 절차이다.[3] 이런 정의를 기반으로 하여 목회방법의 기초를 교회행정의 절차를 근거하여 적용시킬 수 있어야 한다. 행정 절차의 순서는 "기획, 계획, 실행, 평가"의 단계들이 있다.[4]

여기서 기획이란 일반적으로 몇 단계를 거쳐서 공동체가 추구하는 목적을 이룰 수 있는 과정을 설정하는 것이다. "기획이란 과정이다."[5] 기획과정과 단계들에 대한 학자들의 공통적인 내용은 다음과 같은 순서로 진행된다.

① 목표설정: 기획으로 성취하고자 하는 바가 무엇인지를 확정한다.
② 상황분석: 계획된 행동을 실천 시 문제점에 대한 바른 분석이다.
③ 대안작성과 비교. 평가: 행동의 대안을 모색하고 비교, 평가한다.
④ 대안선택과 실행: 많은 대안을 비교하여 최종안을 선택, 실행한다.
⑤ 실행대안에 대한 최종평가 후에 수정, 보완한다.[6]

선교적 교회를 세우고자 하는 목회자는 전반적인 목회를 구상할 때 이런 기획행정의 단계를 대입시켜서 진행할 때 효과적으로 목적을 달성할 수 있다. 연간 계획이든 분기별 계획이든 월별 계획이든지 관행적인 행사로 전락되지 않기 위하여 행정의 장단기적인 방법을 적용해야 한다.

예를 들면 예배나 양육이나 설교나 봉사나 인사나 선교나 교육이나 그 어떠한 사역이든 실행에 옮기기 전에 먼저 기획방법으로 목적을 설정한 후에 계획의 단계로 미리미리 종합적으로 준비하고, 실행의 단계로 적용하면서 실천하는 것이다. 그리고 모든 목회활동을 마친 후에는 개인적으로나 그룹의 회의과정을 통해 평가하면서 새롭게 행정의 절차를 진행해야 한다. 이 책에서 소개한 사례에서는 이런 기획행정의 기초 위에서 진행하고 있는 것을 제시하였다.

2) 시스템 구축

선교적 교회가 복음이 불신앙의 세계로 확장되는 연결고리에 초점을 맞춘다면 유기체적 교회의 개념은 교회의 내적 건강성에 초점을 맞춘다.[7] 때문에 선교적 교회로의 전환을 기대한다면 먼저 교회 내부의 건강한 시스템이 구축되어야 한다. 유기체적인 교회론의 대표적인 성경적 근거는 신약성경의 '그리스도의 몸'에 대한 기록으로 교회 내의 유기적 통일성을 강조한다.

크리스티안 슈바르츠는 진정한 성장이란 교회 내에 내재해 있는 잠재적 생명성을 풀어 놓음으로써 자연스럽게 이루질 수 있음을 말한다. 이런 맥락에서 양적인 성장보다 질적인 성장이 더 중요하며 질적인 성장을 추구할 때 양적인 성장이 보장될 수 있다.[8] 그러나 건강한 성장이란 질적인 성장과 양적인 성장의 두 가지 요소가 동시에 균형 있게 고려될 때 가능한 것이다.

이 책에서는 선교적 교회를 세우기 위하여 교회의 내적 건강을 위한 평신도훈련과 활용에 일차적인 관심을 가지고 시스템의 체계적인 구축을 통하여 실행에 옮기고 있는 실례를 소개하였다. 목회자의 리더십이 아무리 탁월해도 평신도 사역을 위한 교회 조직 시스템이 갖추어지지 못한다면 목적 달성에 한계를 경험하게 된다.

먼저 필자의 교회를 중심으로 한 실례를 소개하면서 도움이 되길 바란다.

그것은 평신도훈련과정에서의 시스템의 구축이다. 교회 내부의 시스템을 체계화시키기 위하여 다음 순서에 따라 진행시키고 있다. 1단계는 교육과 훈련이고 2단계는 훈련자에게 부분적인 사역을 위임하는 시스템이다. 이는 훈련자가 교육과 훈련을 통해서도 변화되고 성숙될 수 있지만 직접적인 사역에 참여함으로써 놀랍게 개발되고 변화될 수 있기 때문이다. 3단계는 사역자들에 대한 지속적인 돌봄과 재교육과 개발의 기회를 부여하는 조직이다. 사역자로 쓰임 받는 평신도 사역자는 이미 훈련된 자이지만 지속적인 관심과 재교육을 받아야 한다. 마지막 4단계는 앞서가는 지도자들의 모델적인 모습을 통해 계속해서 자신을 개발하도록 동기를 부여하는 일이다.

시스템을 구축하는 기본적인 선택의 방법은 기획의 단계[9]를 적용하였다.

(1) 목표설정단계로 양육 시스템을 조직하는 과정

개척 당시 목회자의 연령이나 경험으로 볼 때 필자는 이미 기존의 중대형교회에서 부교역자나 담임목회자로 20여 년의 사역을 하였다.

이런 목회경험 과정에서 절실하게 요구되는 것은, 목회행정을 통한 조직과 함께 교회의 본질에 뿌리를 둔 목회자의 비전에 신자들이 참여케 하는 것이다. 이를 위하여 그 성격에 맞는 시스템을 세워서 신자들을 가르치는 양육체계를 세우는 사역이 필요했다.

대형 교회와 비교하여 시설, 환경, 교육 인적 자원이 부족한 점이 있었지만, 전도를 통한 새가족 중심의 시스템 즉 불신자와의 접촉을 중심으로 하는 'Seeker 시스템'과 교회에 처음으로 등록한 새 신자나 전입신자를 중심으로 하는 '새가족 시스템'을 조직하는 것이 개척 초기의 1차 목표였다.

(2) 상황분석을 통하여 가능성을 확인하는 단계

교회적 상황을 분석해 볼 때 초기 교인들의 신앙 상태가 대부분 자신의 신앙을 회복하는 것이 우선적 관심이었다. 여기서 어떤 조직을 만든다는 것은 오히려 그들에게 부담과 거부감을 줄 수밖에 없었다. 때문에 초기에는 어떤 조직이나 시스템의 구축보다는 교인들을 가족같이 사랑으로 감싸고 치유하는 데 관심을 두면서 '목양목회'(사랑목회)의 차원으로 출발하였다. 자료 분석에 의하면 개척 초기 3-5년 동안 대부분의 설교의 초점이 치유, 사랑, 회복, 격려의 내용들임을 발견하였다.

그리고 시스템을 세워서 양육하는 과정은 점진적으로 진행하기로 하였다. 그리고 우선 목회자 부부를 중심으로 가능성을 탐색하기 위하여, 일대일 접촉을 통한 돌봄과 멘토링 사역에 초점을 두었다. 이와 같은 상황분석을 중심으로 사역을 진행하였기 때문에 나중에는 '제자양육 시스템이나 사역 시스템'의 단계까지 어렵지 않게 체계화할 수 있는 근거가 되었다.

(3) 대안의 비교를 통한 실행 가능성을 탐색하는 단계

양육 시스템을 구축하는 방법에 여러 가지 대안이 있었다.

복음전도에 총력을 기울여 어느 정도 조직체계를 구성할 만큼의 양적 성장의 여건이 되었을 때 조직을 할 것인가?

조직의 리더를 세울 수 있는 인적 자원이 부족하고 많은 시간이 소요되기 때문에 목회자 혼자서 다 감당할 것인가?

기존 및 전입 신자들 중에서 선별하여 먼저 양육시켜 그들을 중심으로 조직을 할 것인가?

먼저 교회가 목표로 하는 종합적인 시스템 구조를 만들어 놓고 거기에 부분적으로 대입하는 방법으로 진행할 것인가 등의 대안들을 통해 실행 가능한 것을 탐색하는 것이다.

(4) 대안의 선택을 통한 실행에 옮기는 실천단계

시스템을 구축할 수 있는 3단계의 여러 대안들을 비교하면서 다음과 같은 이유로 최종 대안을 선택하였다. 먼저 종합적인 전체 시스템을 제시하고 대입하는 방식은 기존교회와의 차별성에 있어서 효과적이지 않다고 판단되어 상황이 무르익을 때까지 보류하였다. 또한 목회자 혼자서 모든 사역을 다 감당하는 것은 오히려 평신도들을 하나님 나라 사역에 소외시키고 신앙을 약화시키는 결과를 가져준다고 판단되어, 적절하게 배합하면서 동시에 같이 진행할 수 있는 상담이나 심방, 그리고 교제로 양육하는 방법을 사용하기로 하였다.

그리고 신자들 중에서 먼저 양육된 자를 중심으로 리더를 세워 양육

시스템에 참여하는 방법은 가능성이 있었기에 이 대안도 선택하여 실행에 옮기기로 하였다. 최종적으로는 기획과정에서 목표설정으로 생각했던 체계, 즉 초기 시스템 구조인 불신자와의 접촉을 중심으로 하는 'Seeker 시스템'과 새가족을 훈련하고 정착시키는 '새가족 시스템'을 선택하여 진행하기로 하였다.

(5) 실천 사례

a. 양육훈련 시스템

필자의 목회성향과 교회적 상황에 맞는 4단계의 양육 시스템을 진행시켜 나갔다. 사역자 훈련의 4단계는 각각 독립적이지 않게 유기적으로 연결성을 가질 수 있도록 시스템을 구축하였다. 그 커리큘럼의 내용들은 아래와 같다.

단계	양육내용
1단계	Seeker훈련
2단계	새가족훈련
3단계	제자훈련
4단계	사역자훈련

① Seeker 시스템
아래 표는 불신자들을 그리스도에게 연결하는 과정이다.

Seeker 시스템

일정	내용	양육방법
1단계	불신자와 관계 맺기	일대일 전도와 소그룹을 통한 관계형성
2단계	언어로 전도하기	
3단계	소그룹에 초대하기	
4단계	예배에 초대하기	

② 새가족 시스템

교회가 선교적 교회로 건강하게 세워지기 위해서는 새가족이 정착할 수 있는 시스템이 있어야 한다. 이를 위해 기존의 직분과 직임에 따른 하향식 체계와 더불어 말씀과 각종 은사별 사역을 통하여 누구나 새가족도 사역자로 세울 수 있는 수평적 관계가 작동되어야 한다.[10] 필자의 교회에서는 기독교대한성결교회에 발행한 교단의 『새가족 양육교재』를 선택하였다.

새가족 양육 시스템[11]

일정	내용	양육방법
1주	구원의 기쁨	교회와 가정에서 일대일 또는 집단 강의식 병행
2주	신앙인으로 사는 즐거움	
3주	교회를 이루는 지체	
4주	함께 하는 신앙생활	

③ 제자훈련 시스템

"목회자는 고아원 원장이 아니라 아비가 되어야 한다."[12]

또한 오늘날 사회에 영향력을 끼치지 못하고 목회현장과 선교현장에서 많은 문제가 발생하는 근본적인 이유는 제자도의 결핍 때문이다.[13] 이와 같은 목회에 관한 본질적 문제에 대한 대안으로 드러나기 시작한 것이 바로 제자훈련 과정이다. 필자의 교회에서는 선교적 교회라는 용어는 사용하지 않았지만 그 내용에 있어서 선교적 교회의 개념과 유사한 교단의 양육교재를 사용하였다.

제자 양육시스템

총 주제 구분(단계)	생활(성결)	
	주제	내용
제1권	1단원(생명)	변화된 삶
	2단원(사랑)	이웃과 사랑을 나누는 삶
제2권	3단원(회복)	신유의 은혜를 경험하는 삶
	4단원(공의)	정의의 편에 서는 삶
제3권	5단원(생명)	가치관을 바르게 하는 삶
	6단원(사랑)	사회적 관계를 풍성하는 하는 삶
제4권	7단원(회복)	세상과 화해하는 삶
	8단원(공의)	질서있는 세계를 건설하는 삶

제자 양육과정의 각 권과 각 단원의 주제와 내용들을 살펴볼 때, 많은 부분에서 선교적 교회론의 내용으로 구성되어 있음을 발견할 수 있었다.

④ 선교사역자 양육훈련원

이 책의 8장에서 제시한 것처럼 사역을 위한 시스템의 내용 중에서 리더들의 지원팀을 구성하는 시스템을 적용하는 과정으로, 건강한 선교적 공동체를 세우기 위해서는 훈련된 리더의 역할이 중요하였다. 대부분의 교회는 신자들의 신앙생활을 돕거나 교회 내의 일꾼을 세우는 차원에서 성경공부 중심의 양육을 하고 있다.

그러나 필자는 성경교육과 더불어 실천적인 교육을 중요하게 강조하였다. 신자들을 가정과 교회와 지역과 세상을 섬기고 이끌 수 있는 선교적 리더를 양성하기 위하여 '섬김 사역 훈련원'을 개설하고 3단계 시스템으로 실행하였다.

선교적 리더 개발 단계

단계	과정	기간	방법	지도	지원자격
1	성경공부 (말씀.교회)	초급: 1년 중급: 1년	이론 원리	교역자	초급:전교인 중급:초급 수료자
2	제자양육 (영성훈련)	기도: 6월 양육: 1년	이론 실기	전문인 교역자	1단계 수료자
3	섬김사역 (선교리더)	1년	현장 사역	교역자 그룹조장	2단계 수료자

섬김사역을 위한 훈련의 필요성은 아무리 강조해도 지나치지 않다. 사역자 훈련의 내용은 사역에 필요한 실제적인 과정이다. 예를 들어 소그룹 인도법, 새가족 양육법, 전도훈련법, 인간관계법, 중보기도훈련, 은사 활용, 청지기 의식 등을 내용으로 담았다. 이런 교육과 실전 훈련과정을 통하여 신자들의 인성 개발, 은사 개발을 효과적으로 하여

실제적인 현장에 사역을 배치하는데 기초를 확보할 수 있었다.

이 과정을 마친 평신도를 그들의 은사와 목적에 따라 이미 사역하고 있는 소그룹(Cell)의 보조 리더로 세워서 자신의 리더십을 발휘할 수 있도록 유도하였다. 이 단계의 양육자료도 교단의 출판된 교재를 채택하였다.

사역자훈련 시스템[14]

단원	내용
1단원	나는 평신도 사역자입니다(4주)
2단원	사역자는 대가를 지불합니다(4주)
3단원	사역자는 청지기입니다(4주)
4단원	사역자는 은사를 적극 활용합니다(4주)
5단원	사역자는 중보기도자입니다(4주)

b. 수평적 네트워크(Holizontal Network) 시스템

오늘날 한국교회가 가지고 있는 구조적 문제는 목사와 평신도가 상명하복(上命下服)의 주종관계(主從關係)를 이루고 있는 것이다. 이것은 비성경적일 뿐만 아니라 시대에도 뒤떨어진 비효율적인 구조이다. 때문에 오늘날 한국교회는 성경적이며 효율적인 교회 구조를 다시 회복하기 위해서는 하나님의 백성들이 함께 이끌어가는 구조에서 찾아야 한다.[15] 이것은 다양한 소그룹의 공동체를 수평적 네트워크 구조를 세워가는 것을 의미한다.

선교적 교회의 구조는 목사 혼자서 이끌어가는 수직적 구조가 아니라 목사와 훈련받은 평신도가 함께 이끌어가는 수평적 구조이다. 이 수평적 구조는 목사와 평신도가 더 이상 주종관계가 아니라 동등한 사역자의 관계로 재정립되며 동역의 기초가 마련된다. 이것은 제도화된 계급구조가 아니라 교회를 그리스도의 몸으로 이해하는 유기체적 원형구조이다. 이 구조는 교회의 각 지체들이 서로 연결되고 상합되어 있어서 서로에게 영향을 미칠 뿐만 아니라, 각각의 사역들의 모두 중요한 것으로 이해된다.[16] 이처럼 선교적 교회의 조직 구조는 수평적 네트워크의 시스템으로 이루어져야 한다.

필자는 이런 수평적 네트워크 구조를 적용하는 방법으로 평신도들이 각각의 형편과 재능과 믿음의 척도에 따라서 사역할 수 있도록 은사 중심의 공동체로 시스템을 세웠다. 은사공동체의 다양한 사역들은 그리스도의 몸인 교회가 균형 있게 성장하도록 도울 뿐만 아니라 지역사회의 다양한 필요들에 적극적으로 응답할 수 있어서 지역사회와 교회와의 간극을 좁히는 일에도 일조하였다.

은사 중심 공동체의 사역들이 실천하는 장점들은 다음과 같다.[17]

① 교회 안에서 다양한 선교적인 사역 분야에 참여할 수 있다.
② 평신도들의 재능과 역량을 살릴 수 있다.
③ 교회 안의 소외된 자를 방지할 수 있다.
④ 사회의 다양한 사람들을 교회로 이끌 수 있다.
⑤ 작은 공동체 그룹이기에 다양한 대내외적인 요구에 신속하게 대응할 수 있다.
⑥ 교회가 사회의 다양한 요구에 응답할 수 있다.
⑦ 사역에 대한 관심 분야가 같은 다른 교회 공동체들과의 포괄적인 교제를 자연스럽게 만들어 갈 수 있다.

이처럼 교회가 선교적 교회로 건강하게 세워지기 위해서는 하나님의 모든 백성들이 하나가 되는 시스템 있어야 하며, 각양 은사별로 세워진 모든 성도의 의견이 발전적인 방향에서 통합적으로 모아지고 운영되는 교회여야 한다.[18] 그리고 은사에 따른 사역 배치에 있어서는 기업의 인사에서 적재적소의 원칙을 적용하듯이 교회의 사역도 평신도들을 각각의 은사와 취미와 관심에 따라서 적합한 직무에 참여하도록 하는 것이 바람직하다.[19]

영적인 은사는 그리스도인이라면 누구에게나 주어진 하나님의 은혜이며 특수한 속성이다.[20] 때문에 신자들은 자신이 받은 영적인 은사를 발견하고 개발하여 자신의 은사에 적합한 부분에서의 사역을 감당해야 한다.[21] 필자의 교회에서 진행한 은사사역자 모집과 배치 시스템을 표로 제시하면 다음과 같다.

은사사역 배치 시스템

구분	사역 Cell명	내용
선교	해외 국내 대대	파송, 후원, 단기선교, 고아원, 교육, 신학교, 우물, 봉사활동, 청소, 관리, 수리, 물질, 물품
전도	토요노방 주일문서 문서선교 매일전도	참여, 문서, 물질, 물품, 중보기도, 재료, 차량
기도	수요정오 금요저녁 매일저녁 중보기도	직분별, 권사회, 개인별, 심방, 멘토, 차량
양육	Seeker 새가족 제자반 사역반 교사반 장학반	관계형성, 만남, 세미나참여, 훈련, 물질후원 지도훈련, 초청, 식사, 공동체 훈련
관리	비품 자판기 조경 수리 악기	수시, 월별, 계절별, 보완, 대체, 물질, 기술
섬김	청소 환경 주방 성미 경조 축구 탁구 볼링 학습 지역(개인.공동체)	주별, 월별, 순서, 수시, 초청, 물질, 섬김 관계, 연락망, 지압, 차량, 나눔, 관계형성 찾아가기, 주민센터
예배	꽃꽂이 차량 찬양 성례전 예배안내 방송 홈피 주차	회비, 예배, 행사, 운행, 프로젝트, 사진, 지역개방 관리, 세차, 지도, 기도, 교육
찬양	찬양대 호산나 한소리	연습, 참여, 주일, 금요, 세미나, 후원, 기도
중창	바울 주바라기 권사회 남성 청년	직분별, 혼합별, 수시, 필요시, 행사시, 방문격려
교제	20구역 15기관	매주모임, 기도, 말씀, 나눔, 친교, 전도, 방문

위와 같은 사역 시스템이 효과적으로 진행되려면 각각에게 주어진 은사가 잘 발현될 수 있도록 적재적소에 배치하고 조정하는 행정력이 뒷받침되어야 한다.[22] 여기서 사역을 분담할 때 한 사람이 최소 한 가지 이상 참여시켜야 하며, 가능하다면 시간과 일자가 겹치지 않는 범위 내에서 여러 사역 분야에 참여하여 마음껏 섬길 수 있는 기회를 제공하는 행정적인 작업이 있어야 한다.

3) 평가

지금까지 필자가 섬기는 교회의 실천 사례들은 새롭게 발견된 방법이 아니라 일반적으로 많은 교회에서 시행하는 프로그램이다. 여기서 중요한 사실은 바로 이런 사역들의 방향과 초점이 선교적 교회를 세우고자 하는 과정으로 귀결되어야 한다는 데 그 의의가 있다.

앞서 밝혔듯이 이런 과정들을 통하여 교회공동체와 신자들의 신앙에 내적인 건강성을 세울 수가 있었다. 하지만 교회의 철저한 소그룹 공동체 운영과 사역을 진행하는 과정을 통해서 아쉬운 점들도 있었다. 그것은 선교적 실천을 시행함에 있어서 시스템과 조직적인 차원에서만 이해하고 시행하는 것만 가지고는 선교적 교회를 세우는 데 불완전 모습이 드러나게 됨을 발견하였다. 또한 사역의 다양성에도 불구하고 활동의 방향이 교회 내부 중심으로 치중되고 있음을 발견하게 되었다.

또한 대부분의 전통적인 교회가 그렇듯이 사역의 에너지가 분산될 수밖에 없는 구조적인 조직들이 문제점으로 드러났다. 즉 남전도회와 여전도회, 그리고 직원회 각 부서와 구역 조직들이 나름대로의 활동을 하고 있었다. 그런데 이런 활동들이 사역 셀 그룹들의 프로그램들과 중복되므로 인해 목적 달성을 위한 집중력이 흐트러지는 경향을 낳았다. 이에 교회 상황에 맞는 사역들을 선교적 리더십을 통하여 효과적으로 진행시킬 수 있는 행정력이 요구된다.

이와 같이 시스템과 조직 공동체 차원에서 실천하는 방식들은 선교적 교회의 모델을 제시하는 데 한계가 있다.[23] 물론 이와 같은 방식을 소개하는 많은 학자들이 있는데,[24] 이들은 주로 조직체로서의 교회가 행한 사업이나 프로그램들을 통해서만이 선교적 교회를 세워갈 수 있다고 오해하고 있다. 그러나 선교적 실천을 오해하면 그들이 비판하는 사업과 각종 프로그램 중심의 선교-근대주의 교회들이 중요하게 생각해 왔던 위로부터 지시된 '행위'위주의 선교-로 되돌아가는 잘못을 범하게 된다.[25]

한국교회는 대부분이 장로, 권사, 안수집사, 집사, 그리고 일반성도로 조직된 수직적 직분체계를 가지고 있다. 여기서 이런 직분중심의 구조를 거부하기보다는 기존의 직분자들을 은사사역 중심으로 필요한 사역을 분담하고 위임하여 배치시킨다면 자연스럽게 수평적 구조의 행정 시스템이 이루어질 것이다.

그러나 진정한 선교적 교회의 실천은 조직과 시스템에 의한 실천 단계를 포함함과 동시에 그것을 뛰어넘는 '개인적인 삶의 차원'이 요구된다. 이것은 신자들이 교회의 조직 안에서 수동적으로 하는 선교적 실천이 아닌, 삶의 현장에서 성육신적인 자세로 자발적인 선교적인 삶을 살아가는 선교행위이다. 만일 이런 자발성에 의하여 일어난 선교적 실천이 나타난다면 그 영향력은 더 크게 드러날 것이다.

3. 보냄을 위한 파송

여기서는 개인적인 삶의 차원에서 선교적 실천방식을 소개하고 적용 사례에 대한 평가를 통해 문제점과 대안의 요소들을 찾아내 선교적 교회를 세워 가는 데 있어서 보다 더 효율적인 방안들을 강구하고자 한다.

참된 경건은 내적 신앙의 차원에만 머물지 않고 구체적인 삶의 문제와 연관된다. 삶의 현장에서 실천하는 모습이 보일 때 그의 경건은 참된 경건이 된다. 성경은 하나님의 은혜를 받은 자들이 그리스도의 모범적인 삶을 본받도록 표본으로 보내주셨고 우리는 그 모범을 생활 속에서 실현해야 한다.[26]

개인적 차원의 선교적 실천이 새로운 개념이라고 볼 수 없지만, 실제로 지금까지 교회들이 행한 선교적 실천의 대부분이 조직공동체 차원에서 시행돼왔음을 볼 때 새롭게 관심을 가져야 할 부분이다. 이런 관점에서 어쩌면 교회의 선교가 조직 차원에 실천되는 것을 선교적 교회가 실천할 수 있는 기본단계라고 한다면 개인적 차원으로 실천하는 것은 최종단계라 할 수 있다.

개인적 차원의 선교적 실천이란 하나님의 백성들이 흩어지는 교회로서 자신들의 삶에서 선교사적인 사명을 감당하는 것을 의미한다.[27] 때문에 흩어졌다고 해서 그들이 교회의 공동체성을 잃어버리거나 포기하는 것은 아니다. 비록 그들이 시공간적으로 떨어져 있다고 해도 하나님 나라 확장에 거룩한 비전을 통하여 서로 유기적으로 연결되어 있다.[28] 그러므로 선교적 교회의 의미는 조직공동체 차원보다는 에클레시아로서의 자신들의 삶에서 사명을 따라 선교적 삶의 방식을 통해 드러낼 때 더 선명해진다.

1) 선교적 실천을 하는 방법

그러기 위해서는 삶에서 선교적 실천이 어떻게 나타나야 되는가에 대하여 통전적인 선교의 관점이 필요하다.[29] 즉 삶의 단편적인 부분만이 아니라 삶의 전반적인 모습들을 통하여 선교적 실천을 보여주는 것으로 이해하여야 한다.

통전적 선교의 실천을 구성하는 주요한 세 가지 영역은 존재(being)와 행위(doing)와 말(speaking)이다.[30] 이 주장은 피터 와그너도 이와 비슷한 3P전도-현존(Presence), 선포(prolamation), 설득(persuasion)-개념을 언급하면서 건물로 비유하여 현존이 건물의 맨 아래층에 해당하는 점을 강조하였다.[31] 이 개념과 비교할 때 선교적 교회를 말하는 학자들도 개인적인 선교적 실천의 출발점을 존재와 행동, 그리고 증언으로 연결시키고 있음을 발견하게 된다.

(1) 존재를 통한 선교적 실천

맥루한은 '매체가 곧 메시지이다'라는 말을 하였다. 복음을 전하고자 할 때 복음의 내용뿐만 아니라, 먼저 선교적 실천을 하고자 하는 사람 자신이 복음적이며 선교적인 사람이 되어야 한다. 선교적이라는 개념에는 하나님 사랑과 이웃 사랑이 들어 있다. 그런데 선교적인 삶을 실천하는 매체인 당사자에게서 메시지의 핵심 내용인 사랑이 느껴지지 않는다면 오히려 그 존재 자체가 복음을 가로막는 거침돌이 되고 만다.

선교는 바로 예수 그리스도의 교회로서 우리들 자신이며 그것이 바로 우리가 이 세상에 존재하는 이유이다.[32] 바울은 선교적인 삶의 실천방법으로 자신의 존재 자체가 곧 복음전도의 한 방편임을 분명하게 강조하고 있다.

> 우리가 구원 얻는 자에게나 망하는 자에게나 하나님 앞에서 그리스도의 향기가 되나니, 이 사람에게는 사망으로 좇아 사망

> 에 이르는 향기가 되고 저 사람에게는 생명으로 좇아 생명에 이르는 향기가 되나니 누가 이것을 감당하리요(고후 2:15-16).

> 이 후로부터 누구든지 나를 괴롭게 말라. 내가 내 몸에 예수의 인(印)친 흔적을 지고 가노라(갈 6:17).

> 나로 말미암아 하나님께 영광을 돌리니라(갈 1:24).

여기서 하나님의 백성을 뜻하는 에클레시아는 세속적인 삶의 양식과 전혀 다르다는 점에서 그 존재 자체는 선교적 특성을 드러낸다. 교회는 근본적으로 거룩성을 지닌 공동체이기 때문에 세상과 구별될 수밖에 없다.33 그러나 여기서의 거룩성은 단순하게 세상으로부터 분리되고 단절된 이원론적인 개념이 아니라 예수 그리스도에 의하여 존재론적으로 변화되는 차원을 의미한다.

존 하워드 요더(J. Howard Yoder)는 말한다.

> 교회는 그 자체로 하나의 사회이다. 교회의 참된 실존, 즉 교회 회원들의 형제 사랑의 관계, 형제들 간의 필요와 다름을 다루는 방식은 정녕 사회적 관계 안에서 사랑이 무엇을 의미하는가에 관한 하나의 본보기이며, 또한 본보기가 되어야 한다.34

예수님이 제자공동체를 향해 세상의 빛과 소금(마 5:13-14)이라고 선언하였을 때 제자공동체가 세상에 복음의 영향력을 끼치는 대안적 삶을 살아야 한다는 것을 의도한 것이다.35 중요한 것은 대안공동체로서의 교회가 세상 안에 존재해야 하며 이런 존재적 특성이 선교의 의미를 구현하는 중요한 근거가 된다.

(2) 행동을 통한 선교적 실천

> 너희가 이방인 중에서 행실을 선하게 가져 너희를 악행 한다고 비방하는 자들로 하여금 너희 선한 일을 보고 권고하시는 날에 하나님께 영광을 돌리게 하라(벧전 2:12).

베드로는 이처럼 그리스도인들이 삶 속에서 어떻게 행동을 해야 하는가를 강조하면서 하나님께서는 우리에게 이 세상을 선한 행실로 살라고 말씀하신다

선교적 교회의 존재론적인 특징은 자연스럽게 복음에 합당한 행위로 연결되어 지며, 이것은 신앙과 삶이 서로 나누어지지 않고 신앙으로부터 선한 삶 곧 삶이 표출된다는 것과 같은 이치이다.[36] 이것은 초대교회의 사도행전에 등장하는 신자들의 삶의 모습에서 분명하게 드러난다. 성령이 충만한 사람은 사람들에게도 착하다고 칭찬 듣는 사람들이었으며 지역사회로부터도 칭송을 받았다(행 2:47)는 점이다.

그리스도인이란 예수님과의 연합의 관계로 거룩한 자가 되어 정체성이 새롭게 형성된 것이기 때문에 그 정체성의 변화에 걸맞게 살아가야 하는 부르심을 받은 자들이다. 하나님께 부름 받은 자들은 거룩한 삶을 살아야 한다.[37] 이 말은 내가 예수 그리스도 안에서 어떤 존재가 되었는가를 분명하게 인식해야만 그에 따르는 행동을 결정할 수 있음을 의미한다.

전통적으로 믿음과 행위의 문제를 다루는 세 가지 유형이 있다.

첫째, 믿음의 개념을 폭넓게 이해하여 기독교적 믿음을 삶의 모든 국면 즉 행위도 포함하는 것이다.

둘째, 행위 개념을 아주 넓게 정의하여 행위에 전(全)인격이 반영되는 방법이다.

셋째, 믿음과 행위를 좁게 정의하며 둘을 하나로 통합하는 방법이다. 이 경우 믿음과 관계없는 행동은 비기독교적인 것으로 제외된다.[38]

세 가지 유형을 종합하면 단순히 겉으로 드러나는 동작이나 뜻 없는 움직임과 같은 좁은 의미로 사용되지 않고 전인적 행동이라는 넓은 의미를 부여한다. 이것이 바로 하나님의 선교에 참여하는 개인적인 삶의 실천방법이다.

(3) 증언을 통한 선교적 실천

> 그들이 날마다 성전에 있든지 집에 있든지 예수는 그리스도라고 가르치기와 전도하기를 그치지 아니 하니라(행 5:42).

초대교회 신자들은 말을 통하여 개인적인 삶의 실천을 보여 주었다. 아무리 시대가 변해도 여전히 변할 수 없는 중요한 선교적인 삶의 한 방편 가운데 하나가 바로 구두 전도를 통한 방식이다.

증언을 통한 선교적 실천을 하고자 할 때 말에 관한 성경적인 특성들을 확신해야 한다. 말 속에는 전염성(약 3:8-9)이 있고 행동을 지배하며(잠 6:2-2) 사탄을 지배(행 16:18)하는 힘이 있음을 인정할 때 적극적인 실천이 가능하다.

여기서 선교적 교회의 실천에 관해서 논할 때 결코 간과해서는 안 되는 것 하나는 그 말이 복음에 대한 분명한 증언이 되어야 한다는 점이다. 이것은 때로 진보신학의 관점에서 선교적 교회론을 말할 때 학자들이 빠트리는 것이기도 하다.[39] 제임스 패커(James I. Packer)는 "복음전도는 말 그대로 복음, 즉 좋은 소식을 전하는 것이다."[40]라고 하였다. 말의 내용은 언제나 복음이어야 하며 복음은 기쁜 소식이며 예수 그리스도에 대한 증언이 되어야 한다.

말에 의한 전도는 와그너의 선포(prolamation)전도와 설득(persuasion)전도의 개념을 함축하며, 말에 의한 선포와 설득은 존재와 선한 행위로부터 시작된 복음의 증언을 완성하는 중요한 역할을 한다.[41] 지혜로운 선교적 실천을 위해서는 복음을 듣는 사람이 처한 복합적인 상황을 충분하게 인지하고 말을 할 수 있어야 한다.

2) 성육신적인 자세의 실천

하나님은 이 땅에 예수 그리스도를 보내 주셨다. 그리고 예수 그리스도를 통하여 당신의 뜻인 하나님의 나라가 이 땅에 이루어지기를 원하신다. 그러므로 하나님의 생활양식을 한 마디로 표현하면 절대자, 완전한 자, 거룩한 자의 위치에서 상대적 존재, 불완전한 자, 죄인 된 인간의 모습으로 이 땅에 오신 성육신적인 섬김의 모습과 정신(막 10:45; 요 1:14; 3:16; 롬 8:29; 빌 2:5-8)를 보여주신 사건이다.

성육신 사건을 통하여 몇 가지 해답을 발견할 수 있다.

(1) 인생관(人生觀)의 발견이다

과연 하나님의 형상으로 창조된 인간들이 이 땅에 보내어져 어떻게 사는 것이 사람답게 사는 것인가, 그리고 인간관계 속에서 어떤 태도를 가지고 살아야 할 것인가에 대한 고민에 해답을 주고 있다. 그것은 나 중심이 아니라 타인 중심으로 사는 이타적인 인생을 사는 것이다.

(2) 신앙관(信仰觀)의 발견이다

과연 하나님의 자녀로 선택받은 그리스도인이 신앙생활하면서 어떤 태도와 정신으로 살아야 할 것인가에 대한 고민에 해답을 주고 있다. 그것은 자신을 내려놓고 사랑과 섬김으로 선교적 실천을 위해 이타적인 신앙생활을 사는 것이다.

(3) 목회관(牧會觀)의 발견이다

과연 나실인과 같이 목회자로 세움 받은 자들은 어떤 목적과 정신과 자세와 방향을 가지고 목회를 해야 할 것인가? 하는 질문에 대한 답을 제공해 준다. 바로 성령 충만을 유지하며 권위의식을 버리며 눈높이를 낮추고 먼저 찾아가는 목회이다. 이것은 사랑과 섬김으로 영혼을 구원하려는 목적을 가지고 선교적 실천의 목회를 하는 것이다.

이제 비록 부분적이지만 필자의 교회에서 선교적 실천을 위한 방법의 원리를 어떻게 어떤 모습으로 존재와 행위, 그리고 말의 증언이 실천되도록 하였는지를 소개하고자 한다. 즉 선교적 교회를 세우기 위하여 어떤 방법으로 목회행정을 적용하면서 비전을 공유시키고, 실제적인 생활 속에서 참여시켰는가를 사례로 제시하고 평가하면서 더 좋은 방안을 모색하고자 한다.

3) 존재로서의 삶의 실천

루이스 바렛(Lois Barrett)은 다음과 같이 말한다

> 교회를 둘러싸고 있는 정부와 사회가 얼마나 자애롭든지 또는 적대적이든지 간에 교회는 모든 문화 현장에서 대안적 문화를 보여주도록 부름 받았다. 만일 기독교 신앙이 행위 면에서 차이점을 만들어 낼 수 있다면, 교회는 주변 문화들과 소통할 때 대안적 행위와 대안적 윤리를 행하고 대안적 관계를 만들도록 부름을 받았다.[42]

교회의 존재 자체가 교회 안에서 행하는 그 어떤 행위나 말보다 더 중요함을 인식해야 한다는 것이다.

또한 예수의 메시아공동체는 당시의 유대교와 로마제국에 속한 그 어떤 집단과 달랐다. 예수의 메시아공동체를 다른 집단들과 뚜렷하게 구분시켜주는 가장 큰 요인은 바로 하나님 사랑과 이웃 사랑의 실천이었다.[43] 필자의 교회도 지역교회로서의 존재감을 긍정적으로 심어주기 위하여 개척 초기부터 지속적으로 실천하고 있는 선교적 사역들이 있다.

(1) 미화원 격려

매일 새벽마다 지역의 50-60여 명의 환경 미화원들이 일하러 나가기 전에 모여서 준비하고 있는 사무실을 찾아가는 일이다. 이 일은 작은 교회도 관심만 가지면 할 수 있는 선교적 실천이었기에 시작한 일

이었다. 따뜻한 커피와 음료와 떡을 제공하면서 일상적인 대화(듣기)를 나누는 일을 수년 동안 함께 하는 일이다. 처음에는 경계심과 함께 타 종교인들과 기독교에 거부감이 있는 사람들 때문에 중단되기도 하였지만 포기하지 않고 진정성을 가지고 사무실 밖에서 지속적으로 진행하였다. 그 결과 책임자의 마음이 움직여져서 이 일을 사무실 내부에서도 할 수 있게 되었다. 여기서 직접적인 전도행위는 시도하지 않았지만 그들을 통하여 교회에 대한 좋은 이미지가 지역주민들에게 전달되는 선교적 효과를 거둘 수가 있었다.

(2) 일용직 근로자 격려

교회 주변에 위치한 '일용직 근로자 대기사무실'에 대한 사역으로서 대기사무실 옆에다 음료와 간식을 준비하고 함께 삶을 나누는 활동이다. 여기는 이른 아침에 공사현장에서 일할 사람이 무작정 일감을 기다리다가 할 일이 연결되면 즉시 투입되는 근로 중개역할을 하는 장소이다. 만일 일감이 없거나 자기 능력과 기술에 맞는 현장이 아니면 실망감 속에 그냥 돌아가야 한다. 이들 대부분의 사람들은 가난한 서민층이고 사회적 약자들이다.

(3) 교회 주차장과 쉼터 개방

이 일도 결코 쉽지 않았다. 예배시간에 차를 이동시키지 않음으로 다투는 일들이 많았고 또한 담배꽁초와 휴지 그리고 차안의 쓰레기를 버리는 행위들 때문이다. 쉼터 공간에도 역시 밤이 되면 술. 담배를 비롯하여 각종 쓰레기와 오물들을 쏟아놓기도 하고 폐기물을 쌓아놓는 일들이 비일비재 하였다. 그럼에도 불구하고 섬기는 자세로 수년 동안 이해를 구하고 친절한 태도로 접촉하고 다가간 결과 교회에 대한 이미지가 긍정적으로 변화되었다.

(4) 교회정원의 개방

교회에 30여 평의 정원이 조성되어 있는데, 이곳에 사과, 감, 포도 등의 열매들이 제법 많이 열린다. 그런데 교회 인접 아파트 주민 일부가 함부로 따가는 현상들이 벌어져서 역시 문제가 발생하였다. 그래서 나중에는 추수한 열매를 교회의 이름으로 아파트 경비에게 전달하여 줌으로 인해 이제는 교회에 대한 대변자 역할들을 주민들이 감당해 주기도 한다.

(5) 체육관(탁구장) 개방

필자 자신이 좋아하고 즐기는 운동이기에 건축설계를 할 때 55평의 공간을 마련하여 에어로빅, 미니올림픽, 헬스운동, 친교회, 탁구장 등 다목적으로 활용하고 있다. 특히 평상시에는 탁구대 3대를 고정적으로 설치하여 교회 자체 내의 탁구교실 등을 운영하여 코이노니아의 장으로 사용하고 있다. 물론 사역 셀의 소그룹으로 운영되고 있다. 이것이 점차 발전하여 이제는 지역 내 불신자들에게도 무료로 개방하여 긍정의 효과를 얻고 있다.

(6) 축구선교단 오픈

교회 안에 젊은 신자와 청년을 중심으로 구성된 바울축구선교단이 조직되어 월 2-3회씩 교회 주변에 준비된 체육공원을 활용하고 있다. 교회의 적극적인 지원과 함께 활성화되기 시작하여 축구를 좋아하는 지역 내 다른 축구팀들과 교류전을 가지고 있다. 이때 교회 차원의 지원과 격려를 통하여 영혼구원의 한 방편으로 진행하고 있다.

이처럼 기존의 다른 집단들과는 다른 가치체제를 가지고 있음을 보여 줌으로써 지역 내에 교회공동체가 존재하는 자체만으로도 선교적인 영향을 끼치는 효과를 얻을 수 있게 되었다. 나아가 신자들이 일상적인 삶의 현장에서 성육신적인 삶의 자세를 가지고 자연스럽게 더불어 교제할 수 있도록 유도하고 있다.

2) 행위적 삶의 실천

행위실천은 마치 믿음과 행위가 서로 분리되지 않고 믿음으로부터 선한 행위가 나온다는 이치이다. 존재의 차이는 행위의 차이를 낳는다.[44] 그러나 선교적 실천행위 시에는 감추는 방식과 드러내는 방식으로 행동해야 한다. 이것이 바로 소금과 빛이 가지고 있는 가장 분명한 속성이다.[45]

이 단계에서는 교회의 현재 상황을 종합적으로 진단할 수 있는 행정력이 전제되어야만 어떻게 행동할 것인가에 대한 행동범위가 결정된다. 필자의 교회는 개척하여 2년 만에 대지를 구입하였으며 곧이어 1년 동안 교회를 건축하게 되었다. 이런 개척과 건축이라는 상황은 교회를 세워나가는 데 있어서 신자들이 교회에 정착하거나 마음을 열기가 어려운 최악의 환경이었다. 이에 필연적으로 교회 내부의 문제에만 집중하게 되었다. 즉 돌봄과 사랑을 중심으로 전통적인 목회방법인 심방과 상담을 통한 관계 중심으로 사역을 할 수 밖에 없었다.

그러나 교회의 역사가 짧음으로 인해 대부분의 신자들이 내 교회의

식을 가지는 데 어려움이 있었다. 조금만 문제가 발생해도 쉽게 교회를 떠나는 신자들이 많았다. 이에 교회의 소속감을 심어주기 위하여 담임목회자와 함께 교회의 선교적인 비전을 공유하고자 여러 가지 노력을 시도하였다. 여기서 중요한 사실은 이런 상황에서도 신자들의 삶의 모습이 사도적인 마음과 성육신적인 자세를 가지고 선교적인 삶인 행위를 지속적으로 강조하였다는 점이다.

행위신앙을 강조할 때 먼저는 교회 내부에서의 각종 사역에 참여하게 하는 일이었으며, 점차적으로 교회 밖 세상에서 신자로서 어떻게 살아야 하는지를 강조하는 생활과 관련된 신앙인의 삶을 강조하게 되었다. 그 이유는 행함이 없는 믿음은 이미 믿음이 아니며 참된 신앙은 행위와 정비례하는 것이기 때문이다. 이런 실천은 목회자 자신의 삶이 먼저 신자들과의 관계 속에서 드러나야 한다.

나아가 개인적 차원의 선교적 행동을 어디서 실천해야 하는가에 대한 지역과 장소에 대한 질문이 나온다. 이에 세상 속에서 살아가는 그리스도인들은 디아스포라 교회의 선교적 역할을 위하여, 일상적인 각자의 삶의 현장들(가정, 직장, 동호회, 각종 그룹, 지역, 교회, 이웃, 국내, 해외)이 선교적 실천의 장소가 되어야 한다. 여기서 필자의 교회에서 시도했거나 타 교회에서도 실천하고 있는 몇 가지 사례들을 소개하였다.

(1) 가정에서의 행위

불신 가족들과의 관계에서 사도적인 의식을 가질 것과 먼저 믿은 자는 그 가정에 선교사로 파송된 자임을 지속적으로 강조해야 한다. 그리하여 언행심사에 있어서 먼저 가족들로부터 인정받는 삶을 살아가야 한다. 이런 행위실천을 위한 목회행정의 방법론은 연초, 가정의 달,

월초, 생일, 기념일, 희노애락의 크고 작은 일이 발생했을 때 가족들에게 '편지쓰기, 칭찬하기, 감사하기, 격려하기, 기도하기, 섬기기' 등으로 선교적 삶을 실천하게 하는 것이다.

(2) 장사나 사업장에서의 행위

기본정신이 신앙적인 기초에 근거하여 선하고 정의롭고 진실 되게 운영해야 한다. 이런 행위가 악하고 불의하고 거짓된 대부분의 세상 사업과의 차별화를 통해 복음을 효과적으로 증거하는 선교적 실천이 되기 때문이다. 비록 직접 언어를 사용하지 않더라도 사람들에게 선한 영향력을 끼칠 수 있다. 이에 대한 목회행정의 전략은 전도 대상자나 불신자들에게 '감사의 말을 전하기, 선물 전달하기, 교회의 체육대회나 야유회 행사 후에 남은 선물 전달하기' 등으로 복음에 대하여 호감을 가질 수 있도록 사업이나 장사하는 신자들을 중심으로 소그룹을 만들어 함께 아이디어를 개발할 수 있게 했다.

(3) 직장생활의 행위

이해관계, 상하관계의 환경 속에서도 조금의 손해가 있더라도 먼저 섬기고 감사하고 신실한 모습으로 생활 할 수 있어야 한다. 이에 대한 목회행정 전략은 '미소 짓기, 칭찬하기, 감사하기, 격려하기, 도와주기, 지각하지 않기, 솔선수범하기' 등을 실천 할 수 있도록 유도해야 한다. 직장생활과 관련된 '서적 제공, CEO 초청 세미나, 인간관계 훈련 세미나, 토론하기' 등으로 동질성을 가지고 함께 도움을 받을 수 있도록 해야 한다.

(4) 교회공동체를 통한 행위

교회의 형편에 따라 이미 실천하고 있는 사역이기도 하지만, 필자의 교회 요람[46]에는 '선교적 교회를 세우기 위한 실천 계획,' '선교적 실천의 대상,' '섬김(선교)사역의 원칙"으로 제시해 놓은 선교적 실천내용들은 아래와 같다.

선교적 교회를 세우기 위한 실천계획

a. 실천을 위한 단계 (전제)
① 진단 : 지역의 환경과 토양을 진단을 바르게 해야 한다.
② 탐색 : 지역을 위하여 할 수 있는 것을 찾아야 한다.
③ 교육 : 교회가 선교적인 삶을 살도록 양육해야 한다.
④ 행정 : 삶속에서 실천하도록 목회 시스템을 바꿔야 한다.

b. 선교적 실천의 대상
① 낙심자(장기결석자, 장기환자, 시험에 든자, 실패자)
② 소외자(장애인, 고아, 과부, 가난한 자, 독거, 소년소녀가장)
③ 불신자(가족, 친척, 친구, 이웃, 직장동료 등)
④ 지역(양로원, 병원간병, 교도소, 고아원, 학교, 공기관)
⑤ 교역자(미자립교회, 개척교회, 특수사역, 선교사)
⑥ 교회(교육, 찬양, 예배, 주차, 식당, 인터넷, 돌봄)
⑦ 나눔(환경미화원, 외국인, 실직자, 불우노인)
⑧ 상담(청소년, 가족, 직업, 결혼, 이성, 진로, 신앙)
⑨ 은사자(취미별, 컴퓨터, 스포츠, 재능활용, 영적 활동)

c. 선교사역의 원칙
① 교회 주변에서 가장 쉽게 사역할 수 있는 대상 선정
② 섬김사역을 통해 상황에 맞는 복음제시 방법 연구
③ 성과보다는 섬김사역에 동참하고 있음에 감사
④ 개인적, 교회적으로 지역과 연관성이 있는 것을 우선

(5) 증언의 삶

교회는 선교를 위해 존재하고 성도는 복음의 증언을 위해 존재한다. 때문에 증언자의 삶을 살 수 있도록 하는 것이 선교적 교회가 감당해야 될 중요한 사명이다. 이 사명을 위하여 목회자는 다양한 방법을 동원할 수 있는 실제적인 방안들을 끊임없이 개발해야 한다. 그리고 행사나 프로그램을 진행할 때 항상 증언이라는 것에 초점을 맞추어야 한다. 그럴 때 행사나 프로그램이 목적이 되지 않고 증언을 위한 수단이요 과정으로서의 가치와 의미를 갖게 되는 것이다.

미래교회학자 레너드 스윗에 의하면 교회는 세 가지 유전자(DNA)를 가지고 탄생했다고 한다. 그것은 선교적 유전자(Missional), 관계적 유전자(Relational DNA) 그리고 성육신적인 유전자(Incarnational DNA)이다. 이 세 가지 유전자의 특징은 바로 교회의 선교적 본질로 통합된다. 때문에 증언의 회복이 교회가 존재하고 사역하는 것의 최종 목적이 되어야 한다.

개인적인 삶속에서 말로 복음을 전파하는 선교적 실천을 구현하도록 유도하는 다양한 방안들이 있다. 행사와 프로그램, 세미나, 강사초청, 현장실습, 신앙교육, 설교, 그림, 사역, 시설, 기도회, 소그룹, 다양한 영적 훈련 등이 있다.

이에 각 지교회의 평신도 지도자들의 모임을 공식, 비공식적으로 가지면서 각자의 교회의 상황에 맞는 가능한 방안을 찾아내야 한다. 필자의 교회에서는 행사와 세미나, 시설활용 등은 많은 재원이 요구됨으로 인해 추후로 미루었고, 소그룹 활용과 신앙교육 등은 역시 맞벌이 부부와 서민층이 많음으로 인해 시간적 제약이 있었다. 그리하여 이 방법들은 이런 장애요인들이 감소되거나 인적자원이 많아졌을 때 실행에 옮기는 방안을 택하였다. 그리고 현 상황에서 차선이지만 최선으로 가장 효과적인 방안으로 재원부족과 시간의 제약을 극복할 수 있는 실천 가능한 사역들을 선택하였다

예배를 활용하여 설교 시에 비전을 심어주기, 교회 주보에 목회 칼럼을 활용하여 복음의 비전을 인식시키기, 교회 계단이나 복도에 상징적인 그림을 부착하기, 필요할 때마다 선교적 실천을 위한 비전선언문[47]제창하는 일이다. 나아가 교회 요람이나 전도지에 비전선언문 삽입하기, 예배당 내부 현수막 부착 등을 통해 활동 범위 안에서 가장 잘 보고 기억하고 말할 수 있도록 하는 것이다. 또한 언어를 통해 증언의 도구로 사용할 수 있는 전도 자료 중에서 사영리훈련과 전도훈련을 실시하여 전도 소그룹과 구역별로 선교적 실천에 참여하는 것이다.

물론 예수님의 복음전도는 단순하게 말로만 이루어진 것이 아니라 병 고침과 축사 등 다양한 능력사역과 함께 이루어졌다. 이런 복음전도사역의 패턴은 제자들에게도 똑같이 적용되었다.[48] 이와 같은 사역을 위해서 교회에서도 매주 금요일 밤에 모이는 금요심야 기도회 시에 영육 간에 질병에 걸린 자들을 위한 특별 안수기도와 서로를 위한 중보기도를 하였다. 이것을 통하여 신유의 체험으로 하나님의 살아계심을 경험하게 하고 있다.

그리고 교회 안에서 아픈 환자가 있을 때는 언제든지 기도 받을 수 있도록 강조하였기 때문에, 식사 시간이든 쉬는 시간이든 아무 때든지 치유를 위한 안수기도를 받을 수 있는 영적인 분위기를 조성함이 필요하다. 또한 문서전도팀과 주일 전도팀을 만들어 주중 일정한 날을 정하여 교회 주변 상가와 거리에서 노방전도 활동을 통하여 말을 통한 복음전도 현장에 함께 하였다.

그리고 교회 절기에 맞추어 작은 선물 (떡, 케이크, 생활용품)을 전달하면서 지역주민들과 접촉할 수 있는 기회를 만들어 가고 있다. 이와 같은 증언을 위한 실천사역은 지금까지도 수년 동안 지속적으로 시도해 오고 있다. 교회설립 초기부터 신자들과 비전을 공유하기 위하여 현수막이나 주보, 그리고 요람 등에 제시한 증언적인 삶을 위한 비전선언문은 아래와 같다.

비전선언문

> **비전선언문**
> 우리는 영혼구원을 위해 섬김의 삶을 사신
> 예수님의 발자취를 따라 가며,
> 삶의 목적을 발견하고 축복을 누리고 세상을 섬기며
> 역사와 사회에 빛을 발함으로써
> 교회의 참된 모습을 보여주는 교회 중의 교회를 꿈꾼다.

3) 평가

지금까지 선교적 교회에 대한 목회신학적인 특징 가운데 하나인 성육신적인 교회론을 중심으로 하는 선교적 실천방안 중에서 개인적 삶의 차원인 '존재, 행위, 증언' 등의 세 가지로 실천해야 함을 제시하였다. 또한 선교적 실천의 자세는 성육신적이어야 하며 실천의 내용은 하나님 나라의 비전인 영혼구원과 제자도의 삶을 살게 하는 데 두었다.

나아가 선교적 교회로 전환하기 위해서는 신앙인이라면 누구나 공감할 수 있는 최고의 가치인 영혼구원의 비전을 개발하고 공유하는 작업이 선행되어야 한다. 선교적 교회에 대한 평신도들과의 비전공유와 실천을 위한 개발 작업이 무엇보다 중요하다.

필자의 교회 사례에서 제시한 것 외에도 지역과 환경 그리고 교회들의 상황이 다를지라도 선교적 교회를 세우는 데 있어서 실천이 가능한 것들이 있다.

첫째, 교회 건물을 이용하여 실천할 수 있는 것들이다. 야간학교와 노인학교를 개설하고, 성인 및 부녀자를 대상으로 하는 강좌를 개설하여 섬기는 것이다. 그리고 교회 안에 독서실을 운영하거나 상담실을 운영하여 가족, 청소년, 범죄, 자살 예방 등에 대비하게 하는 것이다.

둘째, 교회 시설을 이용하여 실천할 수 있는 것들이다. 영세민들을 위한 결혼식장과 장례식장을 대여하고, 사회단체의 회합장소로 제공하는 일, 예비군 교육장소로 제공하는 일, 맞벌이 부부를 위하여 종일반 운영하는 일, 직업을 소개하는 일, 바자회를 통해 지역주민과 함께하는 일, 지역사회 지도자나 의료인들을 초청하여 강연이나 의료봉사를 하는 일 등이다.

셋째, 교회 밖 현장에서 교육을 통해 실천할 수 있는 것들이다. 지역 주민들의 보다 나은 삶을 지도하는 일로서 가족계획, 보건 위생, 의생활 개선, 식생활 개선, 의식 구조 개선, 미신 타파, 영화상영, 전시회 등을 할 수 있다.

넷째, 교회 밖 현장에서 봉사활동을 하는 일이다. 어려운 삶을 사는 지역을 방문하여 의료 봉사하는 일, 노동봉사로서 농번기 일손 돕기,

전답 김매기, 이발 봉사하기, 고아원과 양로원을 방문하고 결연을 맺는 일, 일선 장병을 위문하는 일 등이다.

이상 열거한 것들 외에도 교회가 지역사회에 대한 직접 또는 간접적인 선교적 실천을 할 수 있는 실제적인 방법들은 고민하는 만큼 종류는 다양하다. 이러한 사역에 따른 섬김의 실천들은 분명히 선교적인 교회로서의 중요한 실천방안들이 될 수 있다.

미주

1 앨빈 린그렌, 『교회개발론』, 19-20.
2 이정일, 『교회행정 구조론』(서울: 범우사, 1990), 32.
3 최동규, 『목회학 개론』, 173.
4 Ibid.
5 이성희, 『교회행정학』, 305.
6 Ibid., 306-309.
7 최동규, 『목회학 개론』, 108.
8 크리스티안 슈바르츠, 『자연적 교회성장』, 정진우외 공역 (서울: 도서출판 NCD, 1999), 10.
9 기획과정의 단계 (1.목표설정 2.상황분석 3.대안비교 4.대안의 선택과 실행 5.평가)
10 이상수, 『건강한 교회성장 이제는 시스템이다』(서울: 말씀삶, 2005), 46.
11 "구원," 『평신도 제자훈련 교육교재: 1단계 새신자』(서울: 기독교대한성결교회 출판부, 2010)
12 후안 C. 오르티즈, 『제자입니까』, 김성웅 역 (서울: 두란노서원, 1999), 119.
13 최동규, 『목회학 개론』, 128.
14 "사역," 『평신도 제자훈련 교육교재: 4단계 사역훈련』, (서울: 기독교대한성결교회 출판부, 2010)
15 황병배, "효과적인 평신도훈련과 사역을 위한 제언," 「선교신학」 19집, 2008, 291.
16 Ibid., 291-292.
17 장성배, 『글로벌시대의 교회, 문화, 사이버페이스』(서울: 성서연구사, 2001), 146-149.
18 이상수, 『건강한 교회성장 이제는 시스템이다』, 46.
19 김경섭, 『교회 인사행정론』(서울: 도서출판 프리셉트, 1994), 113.
20 피터 와그너, 『은사를 발견하라』, 배용준 역 (서울: 규장, 2002), 21
21 김성곤, 『두 날개로 날아오르는 건강한 교회』(성남: 도서출판NCD, 2001). 162.
22 전호진, 『교회성장론』(서울: 정음출판사, 1983), 142.
23 최동규, "선교적 실천의 작용구조와 방식," 「선교신학」 제37집(2014), 381.
24 한국일, "선교적 교회의 실천적 모델과 원리," 373-385, 황병배, "선교공동체로서의 농촌교회와 통전적 선교 가능성 연구," 「선교신학」 제36집(2014): 465-472, 신정, "선교적 교회론의 사례: Tripple A를 꿈꾸는 광양대광교회," 「선교신학」 제30집(2012): 117-146; 이종명, "선교적 교회론의 사례: 송악교회와 송악교회의 마을 만들기," 「선교신학」 제30집 (2012): 147-160, 조주희, "선교적 교회론의 사례: 성암교회의 사회봉사 프로그램." 「선교신학」 제30집 (2012): 161-194. 최동규, "선교적 실천의 작용구조와 방식," 재인용.
25 한국일, "선교적 교회의 실천적 모델과 원리," 373-385, 황병배, "선교공동체로서의 농촌교회와 통전적 선교 가능성 연구," 「선교신학」 제36집(2014): 465-472, 신정, "선교적 교회론의 사례: Tripple A를 꿈꾸는 광양대광교회," 「선교신학」 제30집(2012): 117-146, 이종명, "선교적 교회론의 사례: 송악교회와 송악교회의 마을 만들기," 「선교신학」 제30집(2012): 147-160, 조주희, "선교적 교회론의 사례: 성암교회의 사회봉사 프로그램." 「선교신학」 제30집 (2012): 161-194. 최동규, "선교적 실천의 작용구조와 방식," 재인용.
26 존 칼빈, 『기독교 강요』, III. 6. 4.
27 최동규, "선교적 실천의 작용구조와 방식," 382.

28 Ibid., 383.
29 Ibid., 390.
30 Ibid., 108.
31 피더 와그너, 『교회성장 전략』, 123.
32 대럴 구더, 『선교적 교회』, 18.
33 이상훈, "하나님 백성의 선교적 사명과 책무," 185-187.
34 존 하워드 요더, 『국가에 대한 기독교의 증언』, 김기현 역 (서울: 대장간, 2012), 40.
35 장남혁, "지역사회에 대한 선교적 교회의 접근법," 「선교신학」제36집 (2014), 252.
36 마이클 프로스트 & 앨런 허쉬, 『새로운 교회가 온다』, 270.
37 Ibid.
38 정훈택, "믿음과 행위의 관계," 「그 말씀」 (서울: 두란노서원, 1995. 2), 152.
39 최동규, "선교적 실천의 작용구조와 방식," 398.
40 제임스 패커, 『복음전도란 무엇인가』(서울: 생명의 말씀사, 2012), 63.
41 최동규, "선교적 실천의 작용구조와 방식," 399.
42 Lois Barrett, "Missional Witness," *Missional Church*, ed. Darrell L. Guder (Grand Rapids: Eerdmans, 1998), 119. 최동규, "선교적 실천의 작용구조와 방식," 「선교신학」 제37권, 392에서 재인용.
43 최동규, "선교적 실천의 작용구조와 방식," 392.
44 마이클 프로스트 & 앨런 허쉬, 『새로운 교회가 온다』, 270.
45 최동규, "선교적 실천의 작용구조와 방식," 395.
46 익산바울교회 2015년도 요람, 21-22.
47 익산바울교회 비전선언문 내용 (2006년 교회 설립부터 지금까지 사용, 교회요람, 4)
48 최동규, "선교적 실천의 작용구조와 방식," 398.

제 10 장
평가와 도전

1. 평가

　이제까지 선교적 교회의 개념에 대하여 논할 때 모이는 교회와 흩어지는 교회를 구분하지 않고 서로의 관계를 상호 보완하는 관점에서 이해하였다. 여기서 에클레시아로서의 모이는 교회는 조직공동체 중심으로 부름과 세움의 과정을 통하여 선교적 실천을 강조하였으며, 디아스포라로서의 흩어지는 교회는 개인적 삶을 중심으로 파송과 보냄의 과정을 통하여 선교적 실천을 논하였다. 여기서 정말 중요한 점은 교회가 선교적 실천을 적용하려고 할 때 지역의 상황에 적합한 접근 전략을 잘 세울 수 있는 목회행정의 방법을 활용하는 것이었다.
　찰스 밴 엥겐은 상황에 적합한 선교적 접근을 통합적(예수 그리스도의 복음이해), 지역적(새로운 상황에 새롭게 다가감), 성육신적(새로운 행동의 준비), 실천적(적합한 행동 안에서 복음으로 살아감), 대화적(복음에 대한 우리의 이해를 새롭게 다져감)인 5가지 요소를 제시하였다.[1]

그러나 개교회가 5가지의 선교적 접근요소를 모두 다 실천하기에는 한계가 있음을 인정해야 한다. 개교회의 목회적 상황에 따라서 우선순위가 다르게 적용되어야 한다. 예를 들면 지역 상황, 인적 상황, 재정 상황, 교회 상황에 따라서 모이는 교회로 비중을 둘 것인지, 세우는 교회로 비중을 둘 것인지 아니면 흩어지는 교회로 비중을 둘 것인지 어느 한쪽으로 치우칠 수밖에 없다.

다음으로 선교적 교회로의 전환을 위한 지역사회 봉사의 범위를 어디까지 정할 것인가의 문제가 정리되어야 한다. 그러므로 지역사회를 섬기기 위해서는 목회행정의 효과적인 전략이 세워져야 한다. 교회가 지역사회와 주민들의 요구와 아픔과 고민을 파악하게 되면 그들의 요구와 필요를 충족시켜 줄 수 있는 효과적인 전략과 방안이 세워진다. 전략이 없는 즉흥적인 섬김은 그 섬김의 결과 역시 일시적인 행사가 되고 말 것이다. 무계획, 무전략의 섬김으로는 지역사회를 변화시킬 수가 없으며 그들과 교회 간에 신뢰감이 무너질 수도 있다.

그러므로 교회는 지역사회의 상황과 요구를 정확하게 파악하고 파악된 문제들 중에서 우선순위를 결정해야 한다. 왜냐하면 지역사회의 모든 문제를 동시에 충족시킬 수 없기 때문이다. 또한 교회 자신의 역량(인적, 물적 자원)에 걸맞게 섬김의 사역을 해야 하기 때문이다.[2]

물론 교회가 그리스도의 심장으로 사랑하고 섬김으로써 공조해야 하는 대상은 세상이다. 그러나 현실적으로 개체교회 혼자서 온 세상과의 공조의 관계를 유지하기란 불가능하다. 때문에 필자의 교회에서도 공조해야 하는 대상은 불가불 교회가 위치하고 있는 지역사회로 그 범위를 한정 지을 수밖에 없었다. 교회 주변의 지역을 교구개념으로 정리하여 교회가 할 수 있는 가능한 사역(섬김, 봉사, 전도)부터 실천하게 된 것이다.

일반적으로 '선교적'(missional)이라는 개념은 교회의 내적 차원보다는 교회 밖의 세상을 향한 교회의 움직임에 더 비중을 두는 것이 사실이다. 그러나 필자의 교회와 같이 개척하여 성장해 나가는 교회의 상황 속에서는 모이는 교회(the gathering church)의 의미가 더 크게 다가올 수밖에 없다. 단지 모임과 끌어 들임의 이유와 목적이 양적 성장을 위한 것이 아니라, 그 과정에서 하나님 나라 안으로 편입시키는 선교적 마인드를 잃어버리지 않는 것이 중요하다.

한국의 많은 교회들이 영혼구원과 복음전도에만 치우친 경향이 있는데, 선교적 교회는 영혼만 천국에 보내는 것이 전부가 아니라 삶에 문제까지도 선교의 과제로 인식하고 전인적 구원을 추구하여야 한다. 따라서 신자들이 활동하는 삶의 모든 영역이 예수 그리스도의 십자가의 원리를 기본으로 하여 살아갈 수 있도록 돕는 역할을 교회적으로 실천하려는 노력이 중요하다.

양육의 사례에서도 마찬가지이다. 교회 내의 사역과 은사 배치 그리고 세상을 향한 선교적 삶이 중요한 선교적 교회의 강조점인 것은 분명하다. 그러나 이런 외적 사역에 참여할 수 있는 인적 자원이 없는 상황 속에서는, 먼저 불신자와의 접촉을 통해 'Seeker 시스템'에 편입시켜야 한다. 그리고 그 다음 단계인 '새가족 시스템'에 들어갈 수 있도록 하기 위해서는 무엇보다 먼저 끌어들임, 모임, 부름, 초청, 내적 역동성에 비중을 두어야 한다.

또한 선교적 교회에서의 선교적 실천에 대한 원리는 조직공동체와 개인적 차원의 선교적 실천이 조화를 이루는 것이어야 한다. 그리고 조직공동체 차원에서의 활동은 각 개인이 할 수 없는 영역에서의 체계적인 선교적 실천이 가능하게 한다는 점에서는 긍정적이다.

그러나 조직공동체를 통한 긍정적인 면이 있지만 동시에 개인이 살아가는 삶의 현장인 직장, 지역, 가정 등에서 선교적 정신을 가지고 살아가는 데까지 영향력을 끼치기에는 한계가 있음을 발견하게 된다. 마치 교회 안에 있을 때에는 신자이지만 교회 밖에 있을 때에는 불신자 같은 이중성의 한계를 뛰어넘고 연결시키는 과정에 더 세밀한 노력들이 필요하다. 이런 점은 신학자와 목회자들이 끊임없이 고민해야 할 과제이기도 하다.

최종적으로 지역에 속한 모든 교회가 반드시 인식해야 하는 것이 있다. 그것은 이웃을 떠난 교회, 지역에게서 외면당하는 교회는 이미 지역교회로서의 존재가치를 상실할 수 밖에 없다는 점이다. 그러므로 지역교회는 교회가 그 지역사회에 이바지하는 모습을 보여줄 때 이 시대가 요구하는 가장 바람직한 위상을 정립할 수 있다. 뿐만 아니라 선교적 사명을 감당할 수 있게 될 것이다.

지역교회는 공동체와 신자 개인이 선교적 삶을 통하여 보여 주도록 부름 받은 존재임을 잊지 말고, 하나님께서 이 땅위에 세우신 하나님 나라의 본질이 보존되고 회복되도록 이웃과 함께 역사 속에서 하나님의 뜻을 실천하는 선교적 교회를 세워가야 한다.

2. 실천 원리

지금까지 지역교회가 선교적 교회로 전환하고 세워가는 실행과정과 실천 사례를 제시하면서 3가지 특징들을 발견하게 되었다.

1) 삼위일체 하나님의 선교를 이해하는 것이다

세상에서의 선교는 교회가 시작하기 전에 삼위일체 하나님으로부터 시작하는 것으로 이해한다. 아들 예수님이 아버지로부터 세상으로 파송을 받고(요 17:18; 20:21), 성령이 아버지와 아들에게서 파송을 받아 세상에서 예수님의 증거와 사역을 계속 한다. 이런 삼위일체 하나님의 선교로부터 교회의 선교가 나오는 것이다. '그리스도의 몸'으로서, '성령의 전'으로서 교회는 세상(정치, 경제, 사회, 문화, 창조세계 영역에서 일어나는 모든 일) 안에서 일하시는 삼위일체 하나님의 선교에 참여함으로 자신의 선교적 책임을 수행하는 것이다.[3]

필자도 선교적 마인드를 심어주기 위하여 거기에 적합한 양육교재를 선택하고 양육훈련을 실천하였다. 또한 교인들의 선교적 실천을 유도하기 위하여 은사에 따른 적절한 배치를 시도하면서 세상의 모든 영역을 교회의 선교적 책임으로 인식하고 참여하고자 하였다. 이와 같은 사도성을 가진 선교적인 의식에 바탕을 둔 신학은 선교에 열정을 품은 전통적인 복음주의 신학과 함께 하나님의 나라 확장을 강조하는 하나님의 선교에 함께 하는 것이다.

2) 지역교회의 존재 목적을 이해하는 일이다

기존의 선교개념 안에는 교회 밖의 사람들을 대상화하며 타자화하는 데 익숙해져 있었다. 그런 점에서 지역주민을 이웃으로 보기보다는 교회의 전도 대상으로 여기는 관행을 가져왔다. 독일의 선교신학자인 순더마이어(Theo Sundermeier) 교수가 지적한 바와 같이 선교에서 이웃과 진정으로 함께 하지 않으면서 위하는 행위는 그들을 시혜자와 수혜자 관계에서 보는 것이며 교회 목적을 위해 도구화하는 잘못을 범한다고 하였다.[4] 교회는 지역주민과 함께하며 지역주민에게 먼저 다가가야 하며, 일상의 차원에서 지역주민과 같이 하는 과정이 필요하다. 선교활동 프로그램보다 주민들과의 관계형성이 더 중요하다.[5]

지역교회가 지역사회와 접촉하려면 두 가지 접근방법이 필요하다. 이 둘은 선교적 실천 사례에 따르면 지역사회의 필요성이 매개가 된다. 하나는 지역교회가 지역주민을 대하는 태도에서 진실함을 보유한 진정성이 있어야 하며 다른 하나는 지역사회를 사회학적 방법으로 진단하고 분석하여 필요성을 파악하는 것이다.[6]

따라서 지역교회가 선교하는 교회를 넘어 선교적 교회가 되려면 근본적으로 지역사회와 주민에 대한 진정성을 가진 사랑의 태도가 필요하다. 지역사회의 문제를 체계적으로 분석하지 않아도 지역사회를 향한 관심과 사랑으로 대하면 "지역이 보이며 지역사회가 무엇을 필요로 하는지를 알게 된다."[7] 다시 말하면 지역교회가 지역사회 속에 거할지라도 지역과 무관하게 지낸다면 지역사회의 필요성이 보이지 않는다. 그러나 지역사회를 향한 교회의 진정성 있는 태도로 바라볼 때 교회가 지역과 관계를 맺을 수 있는 지역사회의 필요성이 보이게 되고 그

것이 교회와 지역을 연결하는 중요한 매개역할을 하게 되는 것이다.[8]

한 실례로 필자는 교회를 건축할 때 지역주민과 소통하기 위하여 교회 주차장을 전면적으로 개방하고 주차장 옆에는 정원 같은 분위기를 조성하여 쉼터와 의자들을 배치하고 그들의 필요에 다가가고자 노력한 것과 같다. 그 결과 수년의 시간이 지나면서 자연스럽게 교회에 대한 좋은 이미지와 더불어 전도는 물론 지역 주민과 하나될 수 있는 공동체 의식을 느낄 수 있게 되었다. 이처럼 지역사회와의 관계에서 교회는 지역사회를 전도의 대상으로 접근하기 전에 먼저 더불어 살아가는 이웃으로 인식하고 관계를 맺는 것이 중요하다. 이렇게 할 때 지역교회는 지역사회의 필요성을 발견하고 그것을 접촉점으로 삼아 지역에서 선교적 교회로의 모습으로 존재하게 된다.

3) 평신도를 위한 행정적인 시스템을 세우는 것이다

교회가 사회와 고립된 채 자기만의 왕국을 세우고자 한다면 이미 참된 교회가 아니다. 교회는 예수님의 제자들을 세우고 예수님의 십자가를 함께 짊어질 공동체를 설립하고, 지역과 세상의 변화를 위한 도구로 부름 받았다.[9]

그러므로 이제는 목회도 다음과 같은 질문에 답하고자 노력해야 한다.

어떻게 평신도들을 세상에 보낼 것인가?

어떻게 지역과 세상으로 침투하게 할 것인가?

어떻게 복음을 전할 것인가?

그리고 보냄 받은 공동체로서 평신도를 통한 교회의 사역은 울타

리 밖을 볼 수 있는 안목을 갖추는 변화된 새로운 패러다임을 가져야 한다.[10]

이런 선교적 인식을 가진 리더는 선교적 실천을 위하여 교회의 모든 조직을 교회 안에서만 사역하는 내부 중심의 구조뿐만 아니라 지역사회와 함께 하는 선교적 구조와 체계로 전환하는 행정적인 시도가 반드시 필요하다. 교회 시스템의 구조가 어떤 행정체계로 조직되어 있느냐에 따라서 사역의 방향이 달라진다. 때문에 선교적 교회로 전환하기 위해서는 교회자신의 구조가 선교 지향적인가를 항상 점검해야 한다. 왜냐하면 어떤 교회는 그 교회의 조직 구조가 오히려 선교적 교회를 지향하는 데 장애물이 될 수 있기 때문이다.

또한 선교적 교회를 실현하기 위해서는 교회는 자신의 관심과 구조가 내부 지향적이지 않은가를 살펴야 한다. 내향적이며 반선교적 구조를 가진 교회들은 교회가 가진 인적 물적 자원과 시간과 관심을 교회 자신만을 위해 활용한다. 그 결과 교인들의 열심이 모두 개교회 유지만을 위한 것에 집중하게 된다.[11]

그러므로 선교적 교회로의 전환을 시도하기 위해서는 교회행정의 모든 체계나 조직과 기구를 선교적 교회를 세우는 데 적합한 구조로 바꿔야 한다. 앞에서 이미 언급했듯이 효과적인 선교사역을 위해서는 선교적 리더십의 방향과 목회행정 시스템이 내부 지향적 중심으로 조직된 기구를 지역사회를 위한 외부 지향적인 활동을 위하여 변경해야 한다.

결국 교회행정 시스템을 목회자 중심의 사역 구조에서 평신도 중심의 구조로 변경시켜야 한다. 그리하여 평신도가 교회 내부에서 뿐만 아니라 교회 외부에서도 선교적 사명과 역할을 수행할 수 있도록 준비하고 훈련시켜야 한다. 이 과정에서 평신도들이 사역하는 모습들이 다양하게 나타날 수 있다. 이때 목회자는 평신도의 역량에 따라서 적절한 리더십을 발휘할 수 있어야 한다. 사역을 감당하기에 부족함 있을 때는 앞에서 끌고 가야하고, 어느 정도 자력으로 사역을 감당할 수 있다면 더불어 함께하면서 지도력을 행사해야 한다. 만일 모든 면에서 사역을 잘 감당할 때는 과감하게 분담과 위임의 방식으로 맡기고 격려하는 지도력을 발휘할 수 있어야 한다.

선교적 교회운동은 지금까지 평신도들의 헌신과 섬김을 통해 교회 내부를 든든하게 세웠다면 이제는 지역과 세상 속에서 성육신적인 자세를 가지고 하나님 나라를 확장하는 일에 초점을 맞추어야 한다. 세상을 변화시키는 것은 세상에 보냄을 받은 평신도들의 역할과 책임이다. 그러므로 평신도가 교회와 세상 사이에서 예수님과 같이 중보자적 역할을 감당하는 하나님 나라의 동역자가 되도록 교회 구조를 선교적 시스템으로 끊임없이 변화시켜 나가야 한다.

3. 새로운 시작

오늘의 교회 현실은 시대의 변화와 함께 양적 질적으로 급속하게 후퇴하는 현상 때문에, 하나님의 나라 확장을 위한 영적 싸움의 최전선에 서 있는 교회의 상황이 큰 어려움에 직면해 있다. 그럼에도 불구하고 하나님의 나라는 끊임없이 확장되어져야 하며 그러기 위해서는 교회가 교회다워지는 참된 교회의 모습으로 바르게 세워져야 한다.

지금까지 참된 교회란 선교적 교회이어야 함을 강조하였으며, 포스트모던 시대에 과연 어떻게 목회를 해야 선교적 교회로 전환시키면서 세워 나갈 것인가에 대한 질문을 각 장마다 던졌다. 그리고 이 질문에 대한 대안으로 원리적 측면에서는 성경적, 역사적, 신학적으로 고찰하였다. 실제적 측면에서는 지역교회의 목회행정을 어떻게 적용시켜 나갈 수 있을까를 다루었다.

이 시대는 교회 입장에서는 위기의 시대이다. 그렇지만 선교적 교회만이 유일한 대안임을 확신한다. 끝으로 새로운 시작을 위한 종합적인 의견을 개념적 원리와 행정적 실제 그리고 제안과 함께 맺고자 한다.

현재 한국교회와 선교학자들에 의하여 활발하게 논의되고 있는 선교적 교회론은 관심에 비해 아직 성숙한 단계로 자리 잡지 못하고 있다. 선교적 교회론은 새로운 프로그램이 아니라 하나의 정신이며 방향성이다. 기존의 선교적 관점은 선교를 주로 해외 지역에서의 활동으로 이해하여 왔다. 그러나 선교적 교회론은 세계선교의 차원을 소홀히 하지 않으면서 현재 교회가 속한 지역도 선교현장으로 인식하고 접근하는 길을 닦아가고 있다.

교회의 궁극적인 존재 이유는 예수님을 사랑하고 그분의 거룩함, 의로움, 은혜, 사랑을 세상에 보여 주는 것이다. 그러나 오늘의 교회가 그 존재 이유를 망각한 결과 하나님 나라 확장과는 거리가 먼 양적 확장에만 집중함으로써 시간이 갈수록 많은 교회가 신앙공동체가 아닌 기업공동체로 전락해 가면서 급속한 쇠퇴의 길을 걷고 있다. 이런 문제에 대한 대안으로 부각된 교회론이 '선교적 교회론'이다.

'선교적 교회'를 종합하여 정의한다면 '하나님의 선교(*missio Dei*) 신학'에 근거해서 교회를 세상(지역사회)에 보내진 하나님 나라 백성들의 공동체로 이해하고, 개인의 영혼구원과 이 땅에 실현되는 하나님의 나라(통치)를 위해 통전적 선교를 수행하는 하나님 나라 백성들의 공동체라고 할 수 있다.

다행인 것은 이런 선교적 교회론에 대한 단초들이 교회론의 고찰과정을 통하여 이미 내포되어 있었다는 점이며, 이 개념이 포스트모던 시대에 부각된 이유는 시대적, 환경적인 요인들이 작용하게 된 것이다. 따라서 교회는 세상 가운데 존재하면서 복음을 교회 밖의 사람들에게 매개하는 선교적 사명을 띠고 있다. 이때 선교는 결코 교회의 여러 활동 가운데 하나로서의 의미가 아니라 교회의 본질 자체가 선교적이라는 의미를 내포한다.

결국 선교적 교회론은 선교를 교회의 중요한 목회사역 중 하나로 간주하는 것이 아니라 교회의 존재론적인 본질을 선교 자체에 둔다. 이처럼 선교적 교회론의 장점에도 불구하고 교회의 존재론적인 근거와 기능론적인 양태를 하나로 통합하지 못하고 있다. 그 결과 이분법적으로 구분한 후 다분히 존재론적인 본질을 더욱 강조하면서 기능론적인 양태의 중요성을 간과하는 약점이 있다. 그것은 지금까지 교회에 관한 원리와 교회의 실제 목회사역을 하나로 통합하지 못하고 이분법적으로 접근해 왔다는 것을 지적하는 것이다.

여기서 선교적 교회론은 교회 본질과 신학적 정체성에 관한 일종의 교회의 자기 선언이며, 이 선언은 지역교회에서 실천 가능한 목회전략으로 구체적으로 구현되어야 한다. 다시 말하면 선교적 교회에 관한 신학적인 논의가 인쇄된 논쟁이나 추상적인 통찰의 차원에 머무르지 않고, 실제 목회현장에서 좀 더 구체적으로 교회의 갱신을 위한 실천적인 전략으로 진행시켜야 한다.

그 전략적인 방안이 바로 목회행정을 통한 적용 과정이며 이 책에서 궁극적으로 강조하는 주제이기도 하다. 따라서 유기적인 생명체로서의 교회의 다양한 체계들의 상호 작용을 교회의 비전과 존재론적인 사명을 성취하는 데 효과적인 방식으로 재조정하는 과정이 있어야 한다. 나아가 하나님의 선교에 대한 비전 성취를 위한 존재론적인 사명과 핵심가치에 부합한 방향으로 교회의 모든 조직 구조와 사역 구조를 재편해야 한다.

이런 관점에서 이 책에서는 지역교회를 복음과 하나님 나라를 세속사회와 주변 문화 속에 구현하는 대행자로 보았다. 때문에 목회자는 반드시 유기체적인 생명체로서의 교회가 복음과 문화 사이의 상호 역학관계를 어떻게 연결해야 할지를 목회행정의 기획의 방법으로 실행하고 평가해야 한다. 그리고 실행과 평가를 통해서 얻어진 대안들을 전략적인 차원에서 실제 교회의 목회 구조에 반영함으로써 교회의 갱신과 변화를 추구해야 한다.

4. 제언

포스트모던 시대에 한국교회가 신뢰도를 회복하여 침체현상을 극복하고 참다운 교회로 도약하기 위해서는 교회가 기본으로 돌아가야 한다. 기본으로 돌아간다는 의미는 교회의 본질을 회복한다는 것이며 선교적 교회란 바로 교회의 본질을 회복하자는 것이다. 이에 하나님 나라의 차원에서 몇 가지 방안을 제시하고자 한다.

1) 선교적 교회를 세우기 위해서는 모든 교회가 연합해야 한다

구조적인 측면에서 선교적 교회의 실천방향은 모이는 교회와 흩어지는 교회의 순환 구조 속에서 이해되어야 하며, 동시에 조직적 차원과 개인적 차원의 두 가지 모두를 포괄해야 한다. 어느 한 가지에만 집중하는 것은 위험하며 이 두 개념은 서로 균형을 이루어야 한다. 이런 대 원칙 앞에서 모든 교회가 연합해야만 한다.

그러나 교단 신학과 교리적 차이로 보수와 진보가 서로 조화를 이루지 못하고 있는 것이 교계의 현실이다. 보수적 기독교 그룹은 아직도 모이는 교회에 집중하고 있으며 진보적 기독교 그룹은 흩어지는 교회만을 지나치게 강조하고 있다. 하지만 선교적 교회론의 관점에서 이 두 가지의 구조는 상호 보완적인 관계 안에서 협력할 필요가 있다. 그럴 때에만이 한국교회가 세상 안에서 온전한 복음의 영향력을 미칠 수가 있다. 뉴비긴은 이 문제를 지적하면서 에큐메니칼적인 교회론을 강조하였는데, 여기서의 에큐메니칼 정신이란 선교적 실천의 중심을 예수 그리스도에게 맞추는 성육신적인 삶을 의미한다.

그러므로 초점이 예수 그리스도에게 맞추어져 있다면 방법과 과정이 다르다 할지라도 서로 격려하면서 하나님 나라 확장에 함께 해야 한다. 연합은 그리스도의 몸된 교회의 본질적 존재양식일 뿐 아니라 선교를 위해서도 연합은 절실히 요청된다. 연합의 정신을 배제한 배타적이고 이기적인 선교적 교회의 추구는 선교적 교회의 궤도를 벗어난 것이다.

2) 선교적 교회를 세우는 운동과 더불어 성결한 삶을 사는 운동이 함께 갈 수 있도록 성결성을 강조하는 각 교단의 신학자들의 연구가 필요하다

이 책을 통해서 새롭게 발견한 사실은 '선교적 교회'와 '성결' 개념의 뿌리가 동일할 뿐만 아니라 실천적인 면에서 같은 방향성을 가지고 있다는 사실이다. "내가 거룩하니 너희도 거룩하라"는 것은 하나님의 속성속에 성결성이 있음을 가르쳐 주고 있다. 한국교회가 쇠퇴하고 성장 동력을 잃고 표류하는 것은 신앙의 최정점인 성결성을 잃어버렸기 때문이다. 변화산의 감동에 빠져있는 베드로에게 더 이상 이 산에 머무르지 말고 내려가라고 말씀하신 것은 바로 세상에서의 선교적인 삶과 성결한 삶이 신앙의 목적임을 알려 주신 것이다. 이 책 제3부의 '선교적 교회 세우기'에서 양육교재를 선별할 때 성결교단에서 발행한 교재를 선택한 이유가 있다. 그것은 성결한 삶의 내용과 상호 공통점이 많을 뿐만 아니라, '개인적인 삶의 차원'과 '성결한 삶의 차원'이 거의 같은 맥락으로 이어지기 때문이다.

또한 성결은 성령 충만의 개념인데 이것은 철저하게 세상을 향한 빛과 소금의 존재로서 이타적인 삶을 요구하고 있다. 내적 경건과 외적인 경건의 삶 역시 같은 방향성을 가진다. 그러므로 '선교적 교회론과 성결교회의 성결론'을 비교 분석하는 학문적 연구와 운동(movement)이 일어나야 한다.

3) 선교적 교회로 전환하면서 선교적 교회를 세우려면 필수적으로 목회행정이라는 실제적인 실천을 위한 방법론을 적용시켜야 한다

선교적 교회에 대한 개념이 아무리 원리와 이론이 명분이 있을지라도, 그 내용을 담아서 실제 목회현장에서 적용할 수 있는 방안들이 제시되지 않으면 또 하나의 시대적인 유행과 신학적 이슈로 지나갈 수밖에 없다. 현장에서 지역교회를 이끌고 있는 대부분의 목회자들은 원리를 어떻게 펼쳐 나갈 것인가에 대한 실제적인 방법론을 기대하는 것이다. 이 책에서 제시한 기획행정의 틀 속에서 어떻게 관리하고 개발하고 훈련시키고 조직할 것인가에 대한 방안들이 만들어져야 한다. 이와 같이 상황에 따른 행정적인 지원과 시스템의 체계가 뒷받침 될 때 비로소 원리를 실제화 할 수 있기 때문이다.

4) 목회자는 선교적 교회에 대한 메시지를 중단 없이 지속적으로 강조하여야 한다

이것은 본질 붙잡기의 자세로서 교회의 본질과 선교의 본질을 추구하겠다는 분명한 중심점을 거듭 확인하고 거기에 집중하여야 한다. 이런 실천은 선교적인 교회로 전환하는 방법을 어떻게 실행에 옮겨야 되는지에 대한 질문에 있어 가장 쉽고 자연스럽게 실천할 수 있는 방안이다. 설교, 성경공부, 가르침 등을 통해서 선교적 비전을 공유하는 하나님의 구속사가 전달되어야 한다. 그럴 때 신자들은 자연스럽게 선교적 교회에 대한 관심이 집중할 수 있게 되어 목회자와 함께 비전을 공유할 수 있게 될 것이다.

5) 목회자가 먼저 선교적 마인드가 분명해야 할 뿐만 아니라 삶의 모범을 보여야 한다

진정한 리더십은 진정성을 가진 이해와 실천이 우선되어야 하며, 순수한 동기가 없이는 모든 이론과 담론이 오용된다. 목회자나 특정의 개체 교회가 선교적 교회론을 도구화하여 사적 욕망이나 조직의 목적을 위한 단순한 수단으로 삼고자 하는 경우 선교적 교회론을 사실상 왜곡하여 각색할 수밖에 없게 될 것이다. 선교적 마인드가 확실한 지도자는 단지 권유하고 명령하는 것이 아니라 직접 본을 보이는 데에서 앞장 설 수밖에 없다. 결국 교회 지도자가 선교적인 실천의 모습을 일관성 있게 보여줄 때만이 선교적인 모델링을 가능하게 하는 원동력이 될 수 있다.

미주

1 찰스 크래프트, 『말씀과 문화에 적합한 기독교』, 김용한. 백신종 역 (서울: 생명의 말씀사, 2007), 327-353.
2 김종환, 『기독교사회복지원론』(부천: 서울신학대학교, 1999), 57.
3 "교회의 본질과 선교"(The nature and mission of the church), 『신앙과 직제와 삶과 봉사의 합류』. 이형기. 송인설 공역. 한국기독교협의회 신앙과 직제위원회편 (서울: 한국기독교협의회, 2009), 341-342.
4 순더마이어, 『선교신학의 유형과 과제』, 채수일 역 (서울: 대한기독교서회, 1999), 53, 68-78.
5 한국일, "선교적 교회의 실천적 모델과 원리," 「선교신학」 제 36권, 388.
6 손병덕, 『기독교 사회복지』(서울: 대한예수교장로회총회, 2005), 103-141.
7 이종명, 송악교회 소개 동영상 CTS 제작 프로그램.
8 김일현, "은사따라 섬기는 목회," 「농촌과 목회」 (2008년 겨울호), 76-83.
9 이상훈, "선교적 공동체와 네트워크를 통한 도시 사역모델," 「교회성장」(서울: 교회성장연구소, 2015.6), 123.
10 Ibid.
11 한국일, "선교적 교회의 실천적 모델과 원리," 392-393.

CLC 도서 안내

| 가족공동체로서의 교회 |

이응윤 지음/ 신국판/ 256면

저자는 교회가 하나님의 가족이 된 성도들의 모임이라는 차원에서 교회를 가족공동체의 시각에서 접근한다. 가족공동체로서의 교회에 대한 성경적 근거, 교회의 본질과 주요 기능, 가족공동체로서의 교회 모델로 초기 예루살렘교회를 살핀 후 가족공동체로서의 교회의 사역 방향을 제시한다.

CLC 도서 안내

| 도시목회와 선교 |

하비 칸, 매누엘 오르티즈 지음/ 한화룡 옮김/ 신국판 양장/ 632면

도시선교를 위한 지침서로서 교회의 도시선교라는 극히 중대한 주제를 다루고 있다. 고대부터 현재까지 도시의 역사를 개관하고, 도시에 대한 구약과 신약의 관점과 그것이 하나님의 자녀에게 의미하는 바를 고찰한다. 또한 도시 생활의 여러 가지 역할을 탐구하면서, 사회학, 인구통계학 등 교회의 선교활동에 기여하는 긍정적 역할을 제시하고 있다.

선교적 교회와 목회행정
Missional Church and Ministry Administration

2017년 1월 30일 초판 발행

지 은 이	박운암
편 집	정희연
디 자 인	이보람
펴 낸 곳	사) 기독교문서선교회
등 록	제16-25호(1980. 1. 18)
주 소	서울시 서초구 방배로 68
전 화	02) 586-8761~3(본사) 031) 942-8761(영업부)
팩 스	02) 523-0131(본사) 031) 942-8763(영업부)
홈페이지	www.clcbook.com
이 메 일	clckor@gmail.com
온 라 인	기업은행 073-000308-04-020, 국민은행 043-01-0379-646
	예금주: 사) 기독교문서선교회

ISBN 978-89-341-1614-1 (93230)

* 낙장 · 파본은 교환해 드립니다.

이 도서의 국립중앙도서관 출판시 도서목록(CIP)은 서지정보유통지원시스템 홈페이지(http://seoji.nl.go.kr)와 국가자료공동목록시스(http://www.nl.go.kr/kolisnet)에서 이용하실 수 있습니다.(CIP제어번호: CIP2016032529)